하나님의 소원

하나님의 소원

최 엽 지음

다윗의열쇠

추천의 글

오순절 성령 강림을 통해 120명의 제자들이 성령으로 충만함을 받아 방언을 말하고 하나님의 능력을 나타내자 하루에 삼천 명씩, 오천 명씩 주님의 이름으로 침례를 받고 하나님의 자녀가 되어 급기야 초대교회가 탄생하게 되었습니다. 이처럼 성령은 "땅 끝까지 이르러 증인이 되게 하는" 선교의 영이십니다(행 1:8).

하나님께서는 인류와 피조물의 구원과 회복을 위해 선교를 계획하시고, 시작하시며, 주관하시며 완성하십니다. 하나님께서는 이 과정에서 교회를 부르시고, 우리를 부르셔서 인종적, 문화적, 지리적 경계를 넘어 그리스도의 복음을 전하게 하셨습니다. 그러므로 선교는 교회의 존재 이유이자 목적입니다. 또한 선교는 예수님께서 승천하시기 직전에 제자들을 향하여 분부하신 '절대 지상명령(Great Commission)'입니다(마 28:18-20).

이 책은 이슬람 세계의 한복판에서 예수 그리스도의 피 묻은 복음을 전하기 위해 자신의 삶을 주님께 드린 최엽 목사님의 기록입니다. 글 하나하나가 모래사막과 같이 척박한 선교 현장에서 오직 하나님만을 붙들고 몸부림치며 기도하는 가운데 쓰였습니다. 이 소중한 책을 통하여 많은 그리스도인들이 하나님께서 어떤 분이시고 어떤 마음을 품고 계시며 어떻게 역사하고 계시는지를 깨달아 하나님께 영광 돌리며 하나님의 마음을 시원하게 해 드리는 삶을 살게 되기를 간절히 기도합니다.

"충성된 사자는 그를 보낸 이에게 마치 추수하는 날에 얼음 냉수 같아서 능히 그 주인의 마음을 시원하게 하느니라"(잠 25:13).

이영훈 목사

(여의도순복음교회 당회장)

추천의 글

인생의 존재 목적은 무엇일까? 사람은 무엇을 위해 살며, 어떻게 살아야 할까? 입에 풀칠조차 하기 어려웠던 시절에는 목구멍이 포도청같아 삶의 의미를 돌아볼 여유는 사치였고, 먹고 사는 일에 전전긍긍해야 했습니다. 문명의 발달과 기술의 진보로 배고픔을 해결하는 것이 삶의 최우선과제에서 밀려난 현금(現今)의 시점에 이르러서야 사람들은 비로소 삶의 존재 의미를 돌아보게 되었습니다.

우리가 사는 이 시대는 어떤 시대입니까? 생활은 더 나아진 것 같은데 사람들은 더 많은 질병과 고통과 심리적 절망과 영적 공허 가운데 신음하며 살아가고 있습니다. 육체적으로 아무리 편안한 삶을 누린다 해도 인간이란 한시적 삶을 살 수밖에 없는 존재이기에 영원한 생명에 대한 해답이 없다면 그 삶은 더한 허무함을 느낄 수밖에 없는 것입니다.

반대로 영원한 생명에 대한 해답을 얻은 사람은 이전에 누리던 문명의 편리함이 하찮게 느껴집니다. 그래서 과감히 세상의 욕심이나 편리함을 버리고 영원한 생명을 위해 남들이 쉽게 가지 않는 길을 걸어가게 됩니다. 여기 영원한 진리이신 예수 그리스도의 생명으로 한 영혼이라도 더 구원하기 위해 남들이 가지 않는 좁은 길을 선택한 하나님의 사람이 있습니다. 요르단과 시리아에서 사역하는 최엽 목사입니다.

예수 그리스도 안에서 진리를 발견한 최엽 목사는 하나님의 부르심 앞에서 조금의 주저함도 없이 한국의 편안한 환경을 다 버리고 시리아로 달려갔습니다. 하나님이 기뻐하시는 영혼 구원을 위해 복음에 있어서 가장 척박한 땅으로 알려진 곳으로 달려간 것입니다.

진리를 미워하는 이 시대에 편안한 곳에서 복음을 전하기도 쉽지 않은 지금, 광야와 같이 메마른 곳에서 그리스도의 복음을 전하기 위해 치열한 삶을 살아온 그이기에, 그가 이 책에서 전하는 하나님 아버지의 뜻과 마음, 성령 안에서의 교통과 증인의 삶에 대한 증언에는 간절함과 열렬함, 참 생명을 향한 열망이 가득 담겨 있습니다.

이 책을 통해 독자들은 우리 자신을 위한 아버지의 마음과 열방을 향한 아버지의 마음, 그리고 지금도 열방에서 고군분투하는 선교사들의 필요에 조금이나마 눈을 뜨게 될 것입니다. 이 책을 읽는 모든 독자들에게 마른 땅을 촉촉이 적시는 성령의 단비가 흠뻑 내려 충만히 임하기를 기도드립니다.

필리핀 선교사 김은주

(필리핀 한알의밀알교회 담임, 「천국 열쇠」 저자)

서론

저는 중동선교에 헌신한 후 2008년에 처음으로 시리아(Syria)의 알레포(Aleppo) 땅을 밟았습니다. 그때부터 하나님께서는 제게 많은 것들을 가르쳐주시기 시작했습니다. 부끄러운 고백이지만 선교사로 선교지에 섰지만 준비된 것이 너무나 없었기 때문에 하나님께 매달려 배우지 않으면 안 되었기 때문입니다. 그 가운데서도 하나님이 제게 가장 많이 가르쳐주신 것이 있습니다. 바로 '하나님의 마음'입니다.

시리아는 무슬림에 의해서 주도되는 무슬림 국가인 동시에 국민들의 활동을 철저히 통제하고자 하는 사회주의 국가입니다. 게다가 북한처럼 비밀경찰에 의한 감시가 심해서 사역 초기에는 기도 외에 할 수 있는 것이 별로 없었습니다.

무력감을 느낄 수밖에 없는 시간이었지만, 참으로 감사하게도 그러한 기도의 시간을 통해 하나님께서 진정으로 기뻐하시는 것이 무엇인지를 배우게 되었습니다. 그중에서도 생명을 살리기를 원하시는 하나님 아버지의 애절한 마음을 느끼게 되었습니다. 지금까지 많이 듣고 묵상하고 알아왔던 사실이지만 그 시간을 통해 제 심령 가장 깊은 곳에 새겨지게 되었습니다. 특별히 하나님의 마음을 배우게 된 두 가지 사건이 있습니다.

첫 번째 사건은 알레포를 방문한 어느 단기팀과 함께 시리아의 광야를 찾았을 때의 일입니다. 우리가 갔던 광야는 모래로 된 사막이 아니라 딱딱한 돌로 덮여 있는 불모지의 땅이었습니다. 그곳에서 저와 팀원들은 시리아를 위해 기도하는 시간을 가졌습니다. 그때 저는 기도하면서 하나님께 이런 질문을 드렸습니다.

"하나님! 이곳은 돌로 뒤덮인 불모지입니다. 풀 한 포기, 나무 한 그루 자라기 힘든 이 절망의 땅에서 제가 무엇을 할 수 있습니까?"

그때 하나님께서는 제 마음속에 "내가 반석 위에 나의 집을 짓겠다"라는 감동을 주셨습니다. 할 수 있는 사역이 하나도 없어 절망 가운데 드린 저의 기도에 하나님은 제가 아니라 하나님이 친히 자신의 일을 행하실 것을 가르쳐주신 것입니다. 그 순간에 선교 사역은 내가 하는 것이 아니라 하나님이 행하시는 것이며, 나는 그저 하나님의 사역에 동참하는 것임을 다시 한 번 깨달을 수 있었습니다.

감사한 마음에 저는 다음과 같은 기도를 연이어 드렸습니다.

"하나님, 황량한 이 땅을 정말 사랑하십니까?"

온통 바위로 뒤덮인 채 풀 한 포기 내기 힘든 척박한 땅인 그곳을 하나님께서 정말로 사랑하시는지 질문한 것입니다. 그러자 하나님은 이런 마음의 감동을 주셨습니다.

"내가 이 땅을 지었다."

그 순간 저는 하나님께서 의미하신 '땅'이 바위로 뒤덮인 광야가 아니라 이 땅의 영혼들임을 즉각 알 수 있었습니다. 다시 말해서, 하나님께서 이 땅의 영혼들을 지으셨기에 이 땅을 사랑하신다는 의미였습니다.

저는 그날 기도 중에 받은 감동을 팀원들과 나누었고, 그 후에 그 감동을 가지고 계속하여 기도하고 묵상하게 되었습니다. 이 사건은 하나님께서 시리아와 그 땅의 영혼들을 왜 그렇게 사랑하시는지, 또한 얼마나 사랑하시는지 더욱 느끼는 시발점이 되었습니다.

두 번째 사건은 첫 번째 사건이 있은 지 몇 년 후에 있었던 일입니다. 지하에 살고 있던 저와 제 가족은 집 계약이 만료되어 지상 3층으로 이사를 하게 되었습니다. 저희 집은 큰 길에서 조금 떨어져 있었고, 창밖으로 큰 사거리가 조금 보이는 곳에 위치해 있었습니다.

어느 날, 창밖으로 거리를 보고 있는데 갑자기 하나님께서 제게 하나님의 마음을 부어주셨습니다. 그것은 죽어가는 영혼들을 향한 아버지의 애끓는 긍휼의 마음이었습니다.

저의 집 창가에서 보이는 모든 사람들이 죽어가는 사람으로 보였습니다. 한 시간이고, 두 시간이고 아무리 보고 있어도 제 눈에는 전부 죽은 사람으로만 보였습니다. 당시 제가 느꼈던 하나님의 마음은 견딜 수 없는 고통이었습니다. 죽어가는 영혼을 바라보시는 하나님의 안타까움은 그 무엇과도 비교할 수 없는 큰 고통이었습니다. 그날의 그 사건 이후로 저는 하나님께서 죽어가는 한 영혼으로 인해 얼마나 고통당하시는지, 그리고 그 한 영혼을 얼마나 살리고 싶어 하시는지를 뼈저리게 느끼고 실감하게 되었습니다.

이 책은 하나님께서 이 사건들을 통해 제게 부어주시고 가르쳐주신 하나님의 마음과 성경을 묵상하며 받은 말씀들을 나눈 것입니다. 하나님을 사랑하여 그 마음을 알기 원하는 모든 분들과 하나님이 가장 원하시고 기뻐하시는 그 소원을 이루어드리기 원하는 모든 분들에게 이 책을 전하고 싶습니다.

제게 많은 은혜를 주시고 받은 그 은혜를 전할 수 있게 해주신 하나님께 감사드립니다. 책이 나올 수 있도록 모든 면에서 많은 도움을 주신 다윗의열쇠 임에녹 대표에게 감사드립니다. 귀한 묵상의 기회를 준 시리아 알레포를 방문해준 단기팀들에게 역시 감사드립니다. 그리고 자녀의 마음을 가르쳐주신 부모님과 부모의 마음을 가르쳐준 자녀들에게 감사를 드립니다. 이밖에도 도움을 주신 모든 분들과 함께해준 사모에게 감사의 마음을 전합니다.

마지막으로 하나님의 마음을 깨닫고 하나님의 소원을 위해 헌신하려는 모든 분들에게 하나님의 위로하심과 도우심이 함께하기를 간절히 기도합니다.

Contents

주님을 주인으로 1부

나더러 주여 주여 하는 자마다 다 천국에 들어갈 것이 아니요 다만 하늘에 계신 내 아버지의 뜻대로 행하는 자라야 들어가리라(마 7:21).

God's Desire

1장 _ 하나님이 원하시는 삶

시험 잘 보는 비결

학창시절을 보내는 동안 우리는 많은 시험을 치르게 됩니다. 열심히 노력한 만큼 좋은 결과를 얻은 시험도 있고 또 노력하지 않아 형편없는 결과를 얻은 시험도 있습니다. 그런데 때로는 분명히 시험을 잘 본 것 같은데 막상 생각만큼 점수가 잘 나오지 않아 실망할 때가 종종 있습니다. 이런 일이 발생하는 것은 대부분 출제자의 의도를 정확하게 파악하지 못했거나 아니면 잘못 파악했기 때문입니다.

출제자의 의도와 상관없이 자신만의 생각으로 답을 적다 보면 좋은 성적을 거두기 어렵습니다. 그래서 좋은 성적을 거두기 위해서는 무엇보다 출제자의 의도를 정확하게 파악하여 출제자가 요구하는 답을 적어 내는 것이 중요합니다.

세상이라는 시험대

우리가 이 세상을 살아가는 것도 시험의 예와 마찬가지인 것 같습니다. 하나님께서는 세상을 창조하시고 그 가운데 섭리를 두셨습니다. 또한 성경말씀을 통해 사람이 살아가는 목적과 삶의 방식을 가르쳐주셨습니다. 그리고 이 땅의 창조주 되시는 하나님께서는 마지막 날 심판주가 되셔서 우리의 삶에 대해 심판하실 것입니다. 모든 사람은 그 평가에 따라 영원한 생명을 받든지 아니면 반대로 영원한 형벌을 받게 될 것입니다.

하나님을 경외하고 그의 명령들을 지킬지어다 이것이 모든 사람의 본분이니라 하나님은 모든 행위와 모든 은밀한 일을 선악 간에 심판하시리라(전 12:13-14).

그렇다면 우리가 마지막 날의 심판에서 좋은 평가를 받기 위해서는 어떻게 해야 할까요? 가장 중요한 것은, 세상을 창조하시고 각 사람을 창조하신 하나님께서 우리의 인생과 삶에 의도하신 것들이 무엇인지를 깨닫고 그분이 원하시는 삶을 사는 것입니다. 시험의 답을 아무리 열심히 적어 내도 출제자의 의도와 관계없이 적어 내면 좋은 평가를 받을 수 없는 것처럼 창조주이자 심판주이신 하나님의 의도와 관계없는 삶을 살아서는 좋은 평가를 받을 수 없기 때문입니다.

하나님과 상관없는 신앙생활

많은 사람들이 교회에 나가 신앙생활을 하지만 정작 하나님의 뜻과는 상관없이 자신의 뜻대로 신앙생활 하는 경우가 많습니다. 하나님이 우리 인생의 출제자이자 채점자이심을 망각하고 하나님의 뜻이 아니라 자신의 뜻대로 살아가는 것입니다. 한마디로 마지막에 받을 하나님의 평가를 염두에 두지 않고 신앙생활을 하는 것이지요.

그래서 마태복음 7장 21절은 "주님을 부르는 사람이 모두 천국에 들어가는 것은 아니다"라고 말하고 있습니다. 이 말씀은 주님을 아는 것과 천국에 들어가는 것이 서로 별개라는 것을 알려줍니다. 주님을 잘 아는 사람들 중에도 어떤 이들은 천국에 들어가지 못할 수 있다는 것입니다.

주님을 아는 것만으로는 부족합니다. 우리는 무엇보다 하나님과 바른 관계를 맺고 하나님의 뜻대로 살아가는 것에 중점을 두어야 합니다. 그래서 다음 장(章)에서는 우리가 하나님과 어떤 관계를 맺어야 하는지, 또한 하나님 앞에서 우리가 어떤 모습으로 살아가야 하는지를 함께 나누어보고자 합니다.

2장 _ 하나님과의 관계

하나님과 인간의 근본적인 관계

당신은 하나님과 인간이 어떤 관계에 있다고 생각합니까? 일반적으로 많은 성도들이 하나님과 우리 인간의 관계를 '부모와 자녀', '신랑과 신부', '친근한 친구' 정도의 관계라고 생각합니다. 비교적 격의 없고 친근한 관계로 생각하는 분들이 많습니다. 물론 이런 생각이 틀린 것은 아닙니다. 그러나 이것들이 하나님과 우리와의 근본적인 관계를 말하는 것은 아닙니다.

그렇다면 하나님과 인간의 가장 근본적인 관계는 어떤 관계입니까? 바로 '창조주와 피조물'의 관계입니다. 조금 더 정확하게 표현하자면 '전능하신 창조주와 타락한 피조물'입니다. 하나님이 우리를 사랑하시고 친근하게 대해주신다고 해서 이 사실이 변하는 것은 결코 아닙니다.

많은 성도들이 이런 근본적인 관계를 망각하고 하나님과 자신을 동등한 위치로 여기는 실수를 범합니다. 그들은 하나님에게 자신의 생각이 옳다고 주장하고 자신의 뜻을 이루어달라고 요청합니다. 때로 그들은 하나님이 그들의 뜻에 '순종' 해주지 않으시면 하나님을 향해 화를 내기도 합니다.

어떻게 이런 모습이 나타날 수 있을까요? 그것은 하나님이 전능하신 창조주이심을 생각하지 못하기 때문입니다. 군대에서 후임병이 선임병에게 함부로 말하고 자신의 뜻에 맞지 않는다고 화를 낼 수 있습니까? 직장에서는 어떻습니까? 상사에게 마음대로 화를 낼 수 있을까요? 그렇지 않을 것입니다. 사람들은 자신의 지위와 상대방의 지위를 고려하여 자신의 태도를 결정하기 때문입니다. 만약 우리가 전능하신 창조주 하나님과 피조물인 인간의 위치를 정확하게 인식하고 있다면 이런 모습은 보일 수 없을 것입니다. 그렇다면 우리가 가장 먼저 점검해야 하는 것은 하나님과 인간의 근본적인 관계에 대한 부분일 것입니다.

친구 같은 부모라도 친구는 아니다

요즘 젊은 학생들이 부모님에게 존댓말을 사용하지 않고 친구처럼 편하게 대하는 모습을 많이 볼 수 있습니다. 예전에는 '예'(禮)를 중시하는 유교사상의 영향으로 부모님을 하늘처럼 모셨습니다. 그런데 지금은 부모들이 자녀들을 사랑하고 존중하며 편하게 키우다 보니 자녀들 역시 부모님을 허물없는 친구처럼 친근하게 여기는 경향이 생긴 것입니다.

그러나 부모가 자녀들을 아무리 친근한 친구처럼 대한다고 해도 본질적으로 부모와 자녀의 관계가 친구의 관계가 되는 것은 아닙니다. 물론 친근한 관계가 나쁜 것은 아니지만 자녀들은 부모님이 십계명에서 말하고 있듯이 공경의 대상이라는 사실을 잊어서는 안 됩니다.

부모님은 자식인 우리에게 생명을 주셨고, 성장에 필요한 모든 것을 공급해주셨으며, 지금도 여전히 우리를 위해 헌신하고 계신 분입니다. 따라서 부모님이 베푸신 은혜를 항상 기억하고 감사하는 것은 인간 된 도리로서 지극히 당연한 모습입니다.

성도의 모습도 이와 동일합니다. 하나님은 우리에게 영원한 생명을 주셨습니다. 또한 우리가 살아가는 모든 순간마다 풍성한 은혜와 복을 주십니다. 그런데 우리가 하나님으로부터 너무 많은 것을 받다 보니 하나님께 받는 것이 은혜가 아니라 당연한 권리인 것처럼 착각하는 경우가 종종 있습니다.

하나님이 우리에게 베풀어주시는 것들은 결코 당연한 것들이 아닙니다. 우리는 하나님이 베푸시는 것들을 받을 자격도, 또 요구할 자격도 없는 죄인입니다. 이 말은 하나님이 우리에게 늘 좋은 것을 베풀어주신다고 해서 하나님을 우리의 소원을 들어주는 존재로 착각해서는 안 된다는 뜻입니다.

하나님과 피조물의 상식적인 관계

성경은 하나님과 인간을 토기장이와 토기에 비유합니다. 토기장이는 자신의 뜻대로 용도에 맞게 여러 가지 모양으로 그릇을 만들 수 있습니다. 또한 그릇이 마음에 들지 않으면 깨뜨려버릴 수도 있습니다. 어떤 용도의 토기를 만들든지 아니면 깨뜨려버리든지, 작게 만들든지 혹은 크게 만들든지, 화려하게 만들든지 소박하게 만들든지 간에 토기에 관한 모든 권한은 토기장이에게 있는 것입니다.

내가 토기장이의 집으로 내려가서 본즉 그가 녹로로 일을 하는데 진흙으로 만든 그릇이 토기장이의 손에서 터지매 그가 그것으로 자기 의견에 좋은 대로 다른 그릇을 만들더라(렘 18:3-4).

창조주와 피조물의 관계가 이와 같습니다. 피조물에 대한 모든 권한은 전적으로 창조주에게 있습니다. 그래서 피조물은 자신의 존재와 가치에 대해 창조주에게 어떠한 불만이나 의견을 토로할 권한이 없습니다. 이것이 상식적이며 지극히 당연한 것입니다.

그런데 세상에서는 이러한 상식에 벗어나는 일들이 자꾸 벌어지고 있습니다. 피조물이 창조주가 마음에 안 든다고 신(神)을 바꾸고, 심지어는 '창조주는 없다'고 생각하면서 창조주를 버리는 경우가 생긴 것입니다.

앞에서 언급했듯이 창조주가 피조물의 가치를 판단하고 버리는 것은 논리적으로 문제가 되지 않습니다. 하지만 피조물이 창조주를 판단하고 평가한다는 것은 그 자체가 말이 안 되는 것입니다.

근본적 관계를 초월하신 하나님

그런데 하나님께서는 더더욱 말이 안 되는 일을 행하셨습니다. 창조주를 떠나 영원히 죽을 수밖에 없는 인간을 구원하기 위해 창조주이신 독생자 예수 그리스도를 희생시키는, 말 그대로 상식을 벗어나버린 말도 안 되는 일을 행하신 것입니다.

하나님이 세상을 이처럼 사랑하사 독생자를 주셨으니 이는 그를 믿는 자마다 멸망하지 않고 영생을 얻게 하려 하심이라(요 3:16).

본래 인간은 하나님께 순종하며 살도록 창조되었습니다. 그런데 인간이 타락하여 하나님을 떠나게 되었고, 그 죄 때문에 정녕 죽을 수밖에 없는 존재가 되어버렸습니다. 하지만 하나님께서는 인간이 죄악 가운데서 죽도록 내버려두지 않으시고 예수 그리스도를 통한 구원의 길을 열어주셨습니다.

'예수 그리스도를 통한 구원의 길'이라는 것은 말처럼 간단한 것이 아니었습니다. 가장 먼저 하나님이신 예수님이 동정녀 마리아를 통해 사람의 모습으로 이 땅에 태어나셔야 했습니다. 전능하신 예수님이 하늘의 영광을 버리고 낮고 천한 이 땅에 오신 것입니다. 또한 예수님은 인간의 모든 죄를 대신 짊어지시고 참혹한 고난을 당하셔야 했고, 결국 십자가에서 처참한 죽음을 맞으셔야 했습니다. 다시 말해서, 창조주가 피조물을 위해서 대신 죽으시는 '말도 안 되는 사건'을 행하신 것입니다.

너희 안에 이 마음을 품으라 곧 그리스도 예수의 마음이니 그는 근본 하나님의 본체시나 하나님과 동등됨을 취할 것으로 여기지 아니하시고 오히려 자기를 비워 종의 형체를 가지사 사람들과 같이 되셨고 사람의 모양으로 나타나사 자기를 낮추시고 죽기까지 복종하셨으니 곧 십자가에 죽으심이라(빌 2:5-8).

인간을 사랑하시는 하나님

그렇다면 어떻게 이런 일이 가능했을까요? 무엇 때문에 창조주가 피조물을 위해 죽는, 전혀 상식적이지 않은 사건이 일어날 수 있었을까요? 그 이유는 바로 인간을 향한 하나님의 '지극한 사랑' 때문이었습니다.

하나님께서는 인간을 창조하실 때 다른 피조물들과는 달리 특별한 방법을 사용하셨습니다. 인간과 사랑의 관계를 맺으시기 위해 하나님 자신의 형상을 따라 만드신 것입니다. 그래서 하나님은 피조물인 인간을 그토록 사랑하시는 것입니다. 즉, 창조주이신 하나님께서 타락한 피조물인 인간을 지극히 사랑하셨기에 독생자 예수 그리스도를 통해 구원의 길을 만들어주신 것입니다.

하나님의 사랑이 우리에게 이렇게 나타난 바 되었으니 하나님이 자기의 독생자를 세상에 보내심은 그로 말미암아 우리를 살리려 하심이라 사랑은 여기 있으니 우리가 하나님을 사랑한 것이 아니요 하나님이 우리를 사랑하사 우리 죄를 속하기 위하여 화목 제물로 그 아들을 보내셨음이라(요일 4:9-10).

하나님의 사랑과 은혜는 여기서 끝나지 않습니다. 죄인인 우리를 '자녀' 삼아주시고, 그 뜨거운 사랑으로 우리를 '신부'라고 불러주셨습니다. 또한 하나님의 사역을 함께하자고 자신의 마음과 생각을 보여주시며 우리를 '친구'라고 불러주셨습니다. 그래서 하나님의 사랑과 은혜가 그토록 감격스럽고 놀라운 것입니다.

이제부터는 너희를 종이라 하지 아니하리니 종은 주인이 하는 것을 알지 못함이라 너희를 친구라 하였노니 내가 내 아버지께 들은 것을 다 너희에게 알게 하였음이라(요 15:15).

그럼에도 불구하고 하나님은 창조주이시고, 우리는 피조물입니다. 하나님이 우리를 자녀로 삼아주시고, 친구라 불러주신다 할지라도 하나님과 우리의 근본적인 관계를 망각해서는 안 됩니다. 아무리 예수님의 피 값으로 구원 받았다 할지라도 예수님과 같은 위치로 격상되는 것은 아니기 때문입니다. 하나님께서 그분의 사랑 때문에 우리를 신부로 삼아주신다고 해도 우리의 근본적인 위치는 변하지 않습니다. 하나님께서 우리를 자녀 삼으시고 친구로 불러주시고 신부로 삼아주신 것은 우리가 하나님께 더욱 감사해야 할 일이지 하나님 앞에서 근본적 관계를 잊어도 된다는 의미는 아니라는 것입니다.

우리는 하나님이 우리를 자녀로, 친구로, 신부로 친밀하게 대해주실수록 더욱 감사함과 겸손함으로 하나님을 바라봐야 합니다. 하나님과 우리의 관계가 창조주와 피조물의 관계라는 것을 기억하며 최고의 감사와 순종을 드려야 합니다. 이것이 아름다운 신앙생활을 하기 위한 첫 번째 길입니다.

3장 _ 회복되어야 할 관계

아는 것으로 충분하지 않다

교회 안의 모든 성도들은 예수님을 '주님'이라고 부릅니다. 그러나 마태복음 7장 21절은 예수님을 '주님'으로 부른다고 해서 모두가 다 천국에 가는 것은 아니라는 사실을 분명하게 말합니다. 즉, '예수님이 구원이시다'라는 사실을 알고, 그분을 '주님'으로 부르는 것 자체만으로 하나님의 백성이 되는 것은 아니라는 것입니다.

나더러 주여 주여 하는 자마다 다 천국에 들어갈 것이 아니요 다만 하늘에 계신 내 아버지의 뜻대로 행하는 자라야 들어가리라(마 7:21).

예수님을 아는 것만으로는 충분하지 않습니다. 사탄도 '예수님이 구원자'라는 사실을 정확하게 알고 있습니다. 사람은 예수님의 이름으로 명령해도 말을 듣지 않지만, 사탄은 "예수님의 이름으로 떠나가라"고 명령하면 그 이름의 권세를 정확하게 알고 떠나갑니다. 그러나 사탄은 하나님께 속한 존재가 아닙니다. 왜냐하면 사탄은 하나님의 뜻과 반대되는 일을 하기 때문입니다.

이처럼 예수님이 구원자이심을 아는 것만으로는 충분하지 않습니다. 예수님을 잘 아는 것만큼이나 중요한 다른 것이 있습니다. 이런 내용을 다루기 위해서는 먼저 '주님'이라는 단어에 대해 정의해보아야 합니다.

모든 성도들이 예수님을 '주님'이라고 부릅니다. 그런데 '주님'은 예수님을 부르는 단순한 호칭이 아닙니다. '주님'을 원래의 뜻에 가깝게 표현한다면 '주인'이 됩니다. 따라서 예수님을 '주님'이라고 부르는 것은 "예수님은 나의 인생의 주인이십니다"라고 고백하는 것입니다.

그렇다면 누가 누구에게 명령해야 하고, 누가 누구의 말에 순종해야 합니까? 주인이 종에게 명령해야 하고, 종이 주인의 말에 순종해야 합니다. 하지만 실제로는 그 반대의 일들이 일어나곤 합니다. 그것도 창조주와 피조물의 관계에서 말입니다.

인간은 하나님처럼 지혜로워지고 싶어서 하나님께 불순종하고 선악과를 따 먹었습니다. 하나님처럼 높아지려고 바벨탑을 높이 쌓았습니다. 이런 모습들은 하나님 앞에서 순종하는 피조물의 모습이 아니라 하나님을 극복하고 넘어서서 하나님 외에 다른 것을 구했던 어리석은 인간의 모습입니다. 이런 모습은 죄악으로 가득한 세상에서 흔히 볼 수 있는 것입니다.

주인에게 명령하는 기도

그런데 문제는 교회 안에서 예수님을 '주님'으로 고백하는 성도들에게조차 이런 모습이 있다는 것입니다. 교회에 열심히 다니는 많은 성도들이 "이것 해주세요, 저것 해주세요, 이것을 도와주세요, 저것을 도와주세요"라고 기도하며 예수님께 자신의 기도를 들어주실 것을 요구합니다. 기도를 통해 주님의 말씀에 순종하고자 하는 모습은 사라지고 하나님께 요구하는 모습만 남는 경우가 많은 것이 현실입니다.

조금 더 심하게 말하면 주님께 "도와달라"는 간구의 표현을 쓰지만, 실상은 오히려 명령을 내리기도 합니다. 안타깝게도 오늘날 많은 성도들의 기도가 이와 같습니다.

더 놀라운 것은, 이런 기도가 응답되지 않으면 '하나님이 어떻게 나에게 이러실 수 있나?', '정말 하나님은 계시는 것일까?'라고 하며 하나님을 원망하고 하나님의 존재를 의심하는 태도를 보인다는 것입니다. 이런 모습은 주인이 종의 말에 순종하지 않았다고 종들이 주인에게 항의하고 주인의 존재를 부정하는 것과 같습니다. 한마디로 하나님을 주인으로 모시는 것이 아니라 우리가 하나님의 주인 행세를 하며 살아가는 것입니다.

본질을 벗어난 기도

당신의 기도는 어떻습니까? 개인적인 요청으로만 이루어진 기도를 드리고 있지는 않습니까? 물론 기도를 통해 하나님을 찬양하기도 하고 자신의 죄를 회개하기도 하겠지요. 그러나 결국에 보면 자신에게 필요한 것을 달라는 기도로 나아가고 있지는 않습니까? 기도에 필요하다고 하는 찬양과 회개와 같은 여러 가지 요소들이 어느새 자신에게 필요한 것을 받기 위한 절차처럼 되어버린 것은 아닙니까? 찬양과 회개를 단지 하나님에게 자신의 필요를 구하기 전에 선행해야 하는 연결고리나 응답의 도구로만 생각하고 있는 것은 아니냐는 말입니다.

만약 그렇다면 우리의 기도는 본질에서 상당히 벗어나 있는 것입니다. 물론 우리는 각자의 필요를 하나님에게 아뢸 수 있습니다. 또한 하나님의 도우심으로 우리의 필요가 채워지는 은혜를 누리는 것은 하나님의 자녀 된 성도의 특권이기도 합니다. 하지만 우리가 경계해야 할 것은 이러한 개인적인 요청이 기도의 모든 것이 되어서는 안 된다는 것입니다. 즉, 기도의 목적이 나의 필요를 채우는 것에 머물러 있어서는 결코 안 된다는 말입니다.

조르기 신앙, 떼쟁이 신앙인

그렇다면 왜 이러한 현상들이 나타나는 것일까요? 앞에서 언급한 것처럼 하나님과 우리의 관계에 대한 그릇된 인식 때문입니다. 하나님의 무한하신 사랑과 채우시고 공급하시는 그분의 은혜를 지속적으로 누리는 가운데 하나님께서 창조주 되심을 망각한 것입니다. 그래서 감사와 찬송은 잊은 채 끊임없이 자신의 필요만 구하고 조르는 '조르기(?) 신앙, 떼쟁이(?) 신앙인'의 모습을 보이게 된 것입니다.

우리는 기도에 대한 예수님의 말씀을 기억해야 합니다. 예수님은 마태복음 6장에서 이렇게 말씀하셨습니다.

그러므로 염려하여 이르기를 무엇을 먹을까 무엇을 마실까 무엇을 입을까 하지 말라 이는 다 이방인들이 구하는 것이라 너희 하늘 아버지께서 이 모든 것이 너희에게 있어야 할 줄을 아시느니라(마 6:31-32).

하나님께서는 우리의 필요를 이미 잘 알고 계십니다. 오히려 우리에게 필요한 것이 무엇인지 우리보다 더 정확하게 알고 계십니다. 그래서 우리가 욕심으로 우리에게 해(害)가 되는 것을 열심히 구한다면 좋으신 하나님께서는 그 기도에 응답해주지 않으십니다. 반대로 하나님이 보시기에 우리에게 좋은 것이라면 하나님께서는 반드시 응답해주실 것입니다. 따라서 우리는 필요에 대한 집착에서 벗어나야 합니다.

당신은 요즘 무엇을 구하고 있습니까? 하나님께 어떤 요청을 드리고 있나요? 무엇을 위해 기도하고 있습니까? 좀 더 좋은 직장, 좀 더 안락한 삶, 좀 더 부유한 물질만을 위해서 기도하고 있지는 않습니까? 그렇다면 우리는 하나님이 기뻐하시는 '참 신앙'이 아니라 내 필요만 구하는 '조르기 신앙'에 머물러 있는 것입니다. 우리는 '조르기 신앙'에 머무르는 '떼쟁이 신앙인'이 되어서는 안 됩니다.

다시 하나님을 주인으로

그렇다면 어떻게 해야 '조르기 신앙'에서 벗어날 수 있겠습니까? 먼저 주인의 자리에서 내려와야 합니다. 그리고 주인의 자리를 본래의 주인이신 주님께 돌려드려야 합니다.

우리는 "에덴동산을 다스리라"고 하신 하나님의 명령에 순종하여 에덴동산을 잘 다스리고, "먹지 말라"고 명령하신 선악과를 먹지 말아야 합니다. 바벨탑을 쌓아서 우리의 영광을 높이는 것이 아니라 주인이신 하나님의 영광을 높여야 합니다. '자신의 뜻과 자신의 영광'이 아닌 '하나님의 뜻과 하나님의 영광'을 위해 살아야 합니다.

단순히 입술의 고백으로 "주여, 주여!" 하는 것이 아니라 하나님을 참된 주인으로 섬겨야 합니다. 자신이 인생의 주인이 되는 것이 아니라 하나님을 인생의 주인으로 모셔야 합니다. 하나님께 요구하고 명령하는 기도가 아니라 주인이신 하나님의 뜻을 이루어드리는 기도를 해야 합니다. 이것이 바로 '순종'입니다. 우리가 하나님께 순종하는 것은 우리가 있어야 할 본래의 자리를 찾아가는 것입니다.

그런데 아무리 하나님께 순종하고 싶어도 하나님의 뜻을 모르면 우리는 순종할 수도 없고 우리의 본래 자리를 찾을 수도 없습니다. 따라서 우리는 먼저 하나님이 원하시는 것이 무엇인지를 알아야 합니다.

지금부터 하나님의 마음과 시선이 어디로 향하고 있는지 하나님의 뜻에 대해 살펴보겠습니다.

하나님의 마음 *2부*

너는 그들에게 말하라 주 여호와의 말씀이니라 나의 삶을
두고 맹세하노니 나는 악인이 죽는 것을 기뻐하지 아니하
고 악인이 그의 길에서 돌이켜 떠나 사는 것을 기뻐하노
라 이스라엘 족속아 돌이키고 돌이키라 너희 악한 길에서
떠나라 어찌 죽고자 하느냐 하셨다 하라(겔 33:11).

God's Desire

1장 _ 하나님이 원하시는 것, 생명

하나님은 무엇을 원하실까?

앞에서 우리는 우리의 신앙이 '조르기 신앙'이 되어서는 안 된다고 했습니다. 그렇다면 하나님께 우리의 필요를 구하는 것은 잘못된 것일까요? 성경은 신앙생활과 우리가 이 땅에서 누릴 수 있는 복(福)과의 관계에 대해 어떻게 말하고 있습니까?

사랑하는 자여 네 영혼이 잘됨같이 네가 범사에 잘되고 강건하기를 내가 간구하노라(요삼 1:2).

너희 중에 누가 아들이 떡을 달라 하는데 돌을 주며 생선을 달라 하는데 뱀을 줄 사람이 있겠느냐(마 7:9-10).

이런 말씀들은 하나님께서도 우리가 이 땅에서 건강하고 평안하게 살기를 원하신다는 것을 알려줍니다. 따라서 하나님께 복(福)을 기대하는 것은 나쁜 것이 아닙니다. 오히려 이런 기대를 '세속적이다'라고 말하며 무조건적으로 비난하는 것이 옳지 않습니다. 하나님이 우리가 복된 존재로 평안하게 사는 것을 원하시기 때문입니다.

그래서 성경에는 신앙생활을 열심히 해서 하나님으로부터 복을 받은 이야기가 많이 나옵니다. 역대상 4장에 나오는 야베스의 이야기도 그중 하나입니다. 야베스는 그 이름의 뜻이 '내가 수고로이 낳았다'일 정도로 인생의 시작부터 순탄한 사람이 아니었습니다. 그러나 그는 하나님께 기도함으로써 어려움을 극복하고, 결국 하나님의 복을 누리는 인생이 되었습니다.

야베스가 이스라엘 하나님께 아뢰어 이르되 주께서 내게 복을 주시려거든 나의 지역을 넓히시고 주의 손으로 나를 도우사 나로 환난을 벗어나 내게 근심이 없게 하옵소서 하였더니 하나님이 그가 구하는 것을 허락하셨더라(대상 4:10).

이처럼 복을 구하는 것이 잘못된 것은 아닙니다. 다만 그것이 전부가 되어서는 안 된다는 것입니다. 그렇다면 우리의 기도에 부와 건강, 그리고 평안을 구하는 것 외에 다른 무엇이 더 필요한 걸까요? 하나님께서는 우리에게 무엇을 더 원하고 계실까요?

더 중요한 것

앞에서 본 것처럼 성경에는 하나님의 복을 받아 누리는 경우가 많이 있습니다. 그러나 반대로 믿음 때문에 고난을 당한 경우도 많이 있습니다.

예를 들어, 사도 바울은 다메섹 도상에서 예수님을 만나고 변화되어 복음을 전하는 하나님의 일꾼이 되었습니다. 그 후 그는 수많은 지역에서 예수님의 복음을 전파했고, 신약성경의 많은 부분을 기록하였으며, 기독교 교리를 정립하는 데 지대한 공헌을 했습니다. 하나님에 대한 그의 믿음과 그가 보여준 순종의 삶, 그리고 복음에 대한 열정은 누구도 문제 삼을 수 없을 것입니다.

그럼에도 불구하고 바울의 삶은 평탄하지 않았습니다. 오히려 많은 고난이 그를 따라다녔습니다. 말년에는 감옥에서 살다가 죄인으로 처형을 당하기까지 했습니다.

우리는 바울의 이런 고난 가득한 삶을 통해 하나님이 가장 원하시는 것에 대한 힌트를 얻을 수 있습니다. 만약 하나님께서 우리에게 가장 원하시는 것이 이 땅에서의 평안한 삶이었다면 바울은 절대로 고난을 당하지 않았을 것이다. 바울만큼 하나님을 향한 열정으로 헌신적인 삶을 드린 사람도 없을 것이기 때문입니다. 그런 바울에게 하나님이 평안하고 부유한 삶을 허락하지 않으셨다면, 분명 그보다 더 중요한 무언가가 있었기 때문일 것입니다.

비상식과 비논리에 담긴 하나님의 마음

성경에 기록된 많은 이야기들이 상식적이고 이치에 맞으며 논리적입니다. 그러나 때로는 상식이나 논리를 뛰어넘는 이야기들이 우리의 눈길을 끌고 있습니다. 그런 이야기들을 잘 살펴보면 비상식적이고 비논리적인 그곳에 '하나님의 마음'이 담겨 있는 경우가 많이 있습니다.

예를 들어, 마태복음 1장 19절 말씀은 논리적으로 문제가 있습니다. 그래서 이 부분을 잘 들여다보면 하나님의 특별한 마음이 담겨 있다는 사실을 발견할 수 있었습니다. 이제 그곳에 담겨 있는 하나님의 마음이 무엇인지, 또 상식이나 논리를 깨뜨리면서 전하고자 하셨던 하나님의 소원이 무엇인지 살펴보고자 합니다.

율법을 어긴 마리아의 남편 요셉

그의 남편 요셉은 '의로운 사람'이라 그를 드러내지 아니하고 가만히 끊고자 하여(마 1:19).

요셉과 마리아의 이야기는 예수님을 믿지 않는 사람들에게도 잘 알려진 내용입니다. 요셉과 마리아는 약혼한 사이로 곧 부부가 될 사이였습니다. 당시의 약혼은 요즘의 약혼처럼 단순한 약속의 의미가 아니었습니다. 그것은 실제 혼인관계와 같은 의미를 지녔습니다. 따라서 약혼한 마리아가 임신을 했다는 것은 아내로서의 책임과 의무를 저버린 것으로 생각할 수 있는 상황입니다.

성경은 이와 같은 상황에 대해 뭐라고 말하고 있습니까? 신명기 22장에 보면 '약혼한 여자가 다른 남자와 동침하면 둘 다 성읍 문으로 끌어내고 그들을 돌로 쳐 죽이라'고 명령하고 있습니다. 이 율법에 따라 마리아 역시 '투석형'(돌로 쳐 죽이는 것)에 처해져야 하는 상황이었습니다. 여자가 약혼한 남자와 동침하지 않은 상태에서 임신했다는 것은 누가 봐도 명백한 죄로 인정될 수밖에 없었기 때문입니다.

그러나 이런 상황에서 요셉은 율법대로 행하지 않았습니다. 그는 마리아의 임신 사실을 공개하지 않았으며 투석형을 요구하지도 않았습니다. 오히려 죄인을 숨기고 조용히 도망가게 하려고 했습니다. 엄밀히 말해서 요셉은 율법의 명령을 어기는 죄를 범한 것입니다. 그런데 우리가 주목해야 할 것은 성경이 그런 요셉을 가리켜 '의로운 사람'이라고 표현하고 있다는 것입니다.

'의롭다'는 단어는 사회와 문화에 따라서 그 의미가 조금씩 달라지는 추상적인 단어입니다. 요셉이 살던 당시의 '의로움'은 간단히 말해서 '하나님의 율법대로 행하는 것'을 뜻했습니다.

이 부분을 논리적으로 따져봅시다. 가장 먼저 성경의 기록을 통해 '요셉은 의롭다'는 대전제를 도출할 수 있습니다. 그리고 '의로움'이라는 단어의 정의를 통해 '의로움은 하나님의 율법을 따르는 것이다'라는 소전제를 도출할 수 있지요. 이 두 전제들로부터 '요셉은 하나님의 율법을 따르는 사람이다'라는 결론이 나오게 됩니다. 하지만 여기서 생기는 의문점은 요셉은 마리아의 사건에서 율법대로 행하지 않았다는 것입니다. 본문 말씀을 다시 살펴봅시다.

그의 남편 요셉은 '의로운 사람'이라 그를 드러내지 아니하고 가만히 끊고자 하여(마 1:19).

이 구절을 크게 두 부분으로 나누어 보면, 앞부분은 '요셉은 의로운 사람, 곧 하나님의 율법을 따르는 사람'이라는 내용이고, 뒷부분은 '요셉은 율법을 지키지 않았다'는 내용입니다. 이것을 다시 정리해보면 이렇습니다.

"요셉은 하나님의 율법을 따르는 사람이라서 율법을 지키지 않으려 하여."

이 내용이 쉽게 이해가 가십니까? '의롭다'라는 표현이 어울리려면 요셉은 율법대로 행했어야 합니다. 율법대로 마리아를 돌로 쳐서 죽여야 했습니다. 그러나 요셉은 율법의 명령에 반하여 마리아의 죄를 드러내지 않고 가만히 끊고자 했습니다. 이 부분이 앞에서 이야기한 상식과 논리를 파괴하는 부분입니다. 그렇다면 성경은 요셉이 율법을 어겼음에도 불구하고 왜 그를 '의로운 사람'이라고 기록했을까요?

요셉은 마리아를 법정에 세움으로써 자신이 율법을 잘 지키는 사람이라는 것을 과시할 수도 있었고, 자신을 배신한 마리아를 율법에 따라 처단할 수도 있었습니다. 그러나 그런 선택의 결과는 마리아와 아기, 두 생명의 죽음이었습니다. 즉, 요셉이 율법을 따랐다면 두 생명이 목숨을 잃었을 것이고, 그 두 생명을 구하기 위해서는 율법을 어겨야만 했습니다. 이와 같은 상황에서 요셉은 율법을 따르지 않기로 결정함으로써 두 생명을 지키고자 한 것입니다.

이를 통해 우리는 성경이 말하는 '의로움의 조건'에 대해 유추해볼 수 있습니다. 즉, 성경이 말하는 '의로움의 조건'에는 율법을 지키는 것 이상의 조건이 있다는 것입니다. 요셉의 행동에 대한 성경의 평가를 생각해볼 때, 의로움에 있어서 율법을 지키는 것 이상의 조건은 바로 '생명을 살리는 것'임을 알 수 있습니다. 여기에서 우리는 생명을 소중히 여기시는 하나님의 관점을 알 수 있습니다.

율법을 '너무' 잘 지킨 바리새인

예수님이 살아 계실 당시에 율법을 철저히 지키던 사람으로 손꼽히던 자들이 있었습니다. 바로 바리새인입니다. 그들은 율법을 지키지 않은 것이 나라를 잃게 된 원인이라고 생각하여, 말씀을 연구하고 그 말씀대로 살고자 노력했던 사람들입니다. 뿐만 아니라 다른 사람들에게도 말씀을 가르치며 이스라엘의 회복을 위해서 율법을 잘 지킬 것을 강조했습니다.

그런데 재미있는 사실은, 예수님은 이렇게 율법을 열심히 지킨 바리새인들을 칭찬하신 것이 아니라 오히려 책망하셨다는 것입니다.

화 있을진저 외식하는 서기관들과 바리새인들이여 너희는 천국 문을 사람들

앞에서 닫고 너희도 들어가지 않고 들어가려 하는 자도 들어가지 못하게 하는도다 화 있을진저 외식하는 서기관들과 바리새인들이여 너희는 교인 한 사람을 얻기 위하여 바다와 육지를 두루 다니다가 생기면 너희보다 배나 더 지옥 자식이 되게 하는도다(마 23:13-15).

예수님은 목숨 걸고 율법을 지키던 바리새인들을 칭찬하기는커녕 오히려 이렇게 심한 책망을 하십니다. 여기서 다시 의문점이 생깁니다. 율법은 하나님이 주신 것인데, 율법을 잘 지킨 바리새인들이 예수님으로부터 이토록 심한 책망을 들었다면 도대체 율법의 의미는 무엇일까요? 하나님은 우리에게 왜 율법을 주셨을까요?

하나님이 우리에게 율법을 주신 이유는 율법을 지키지 않은 자들을 벌주기 위해서가 아닙니다. 또한 율법을 지키는 것 자체에 절대적인 가치가 있기 때문도 아닙니다. 하나님이 우리에게 율법을 주신 것은 우리가 살 수 있는 길을 제시해주기 위해서입니다. 우리가 하나님 앞에서 살아갈 수 있는 방법, 즉 죄 가운데 죽지 않고 거룩하신 하나님과 함께 살아가는 길을 제시해주신 것입니다. 그리고 하나님의 자녀들이 함께 살아가는 방법을 가르쳐주신 것입니다.

가장 대표적인 율법인 십계명은 이러한 사실을 잘 보여줍니다. 십계명은 하나님과 화목하게 살아가는 방법, 사람들과 화목하게 살아가는 방법을 가르쳐주기 위한 율법입니다. 십계명뿐 아니라 다른 모든 율법 역시 하나님 앞과 사람들 가운데서 우리가 아름답게 살아가는 방법을 가르쳐줍니다.

이뿐만 아니라 율법에 관해서 우리가 알아야 할 또 하나의 사실이 있습니다. 그것은 율법의 계명 하나하나가 구원의 절대적인 기준이 아니라는 사실입니다. 이런 사실은 예수님의 가르침에서 알 수 있습니다.

만일 계명 하나 하나가 절대적인 가치를 가지고 있었다면 예수님은 율법의 모든 항목들을 정확하게 가르치셨을 것입니다. 그러나 예수님은 모세의 율법을 급진적으로 파괴하기도 하시고, 재해석하기도 하셨으며, 경우에 따라서는 더 강화시키기도 하셨습니다. 그리고 성경의 수많은 계명들을 다음과 같은 한 줄로 집약하셨습니다.

"하나님을 사랑하고 이웃을 사랑하라."

마음을 다해서 하나님을 사랑하고, 자신의 몸과 같이 이웃을 사랑하면 그것이 바로 율법이라는 것입니다. 예수님은 율법이 우리가 하나님과 이웃을 더욱 사랑하며 살게 하기 위해 존재한다는 것을 가르쳐주신 것입니다.

예수께서 이르시되 네 마음을 다하고 목숨을 다하고 뜻을 다하여 주 너의 하나님을 사랑하라 하셨으니 이것이 크고 첫째 되는 계명이요 둘째도 그와 같으니 네 이웃을 네 자신 같이 사랑하라 하셨으니 이 두 계명이 온 율법과 선지자의 강령이니라(마 22:37-40).

어떤 어머니에게 마른 아들이 있었습니다. 어머니는 아들에게 늘 "많이 먹어라. 많이 먹어라"고 말씀했습니다. 아들은 어머니의 뜻을 따르기 위해서 열심히 먹었습니다. 그러다 보니 아들의 몸무게가 점점 늘어나, 고도비만이라는 판정을 받게 되었습니다. 그 이야기를 들은 어머니는 그때부터 아들이 먹는 모습을 보면 "그만 먹어라. 그만 먹어라"고 했습니다.

안타까운 것은 아들이 어머니의 마음을 이해할 수 없었다는 것입니다. 어머니가 "많이 먹어라"고 하셔서 많이 먹었는데, 이제는 그 어머니가 "그만 먹어라"고 말씀하고 계시니 말입니다.

그러면 그 어머니가 진짜로 원했던 것은 무엇이었을까요? 어머니가 원한 것은 아들이 밥을 많이 먹는 것도, 그만 먹는 것도 아니었습니다. 그저 아들이 건강하게 자라는 것이었습니다.

율법이 이와 같은 것입니다. 율법은 우리가 하나님 앞과 사람들 사이에서 잘 살 수 있는 방법을 가르쳐주는 하나님의 선물입니다. 그런데 "하나님과 이웃을 사랑하라"는 그 진정한 의도를 모른 채 율법에 나열된 항목들만 문자 그대로 지킨다면 하나님의 뜻을 진정으로 알았다고 할 수 없을 것입니다. 마치 어머니가 건강하게 자라라는 의미에서 "많이 먹어라"고 했던 말을 듣고 고도비만에 걸린 아들과 별반 다르지 않은 것입니다.

다시 요셉과 바리새인들의 모습을 비교해보겠습니다. 요셉은 분명 모세의 율법 조항을 지키지는 않았습니다. 그러나 요셉은 생명을 살리고자 했습니다. 이것이 하나님 보시기에 옳은 모습이었다는 것입니다.

반대로 바리새인들은 율법의 조항들을 열심히 지켰습니다. 그러나 그들은 생명을 살리는 것에는 관심이 없었습니다. 오히려 율법을 지키지 않는 사람들을 정죄하는 일에 더욱 열심이었습니다.

특히 예수님과의 일화에서 잘 나타나는 것처럼 그들은 늘 예수님을 고소할 조건들을 찾으러 다녔습니다. 예수님은 항상 살리기 위해 다니셨는데, 바리새인들은 예수님을 따라다니며 정죄할 조건들을 찾는 데 열중했던 것입니다.

이에 바리새인들이 가서 어떻게 하면 예수를 말의 올무에 걸리게 할까 상의하고 (마 22:15).

요셉과 바리새인들에 대한 기록은 하나님이 진정으로 원하시는 것이 무엇인지를 보여줍니다. 하나님이 우리에게 원하시는 것은 율법을 지키느냐 안 지키느냐의 문제가 아닙니다. 바로 율법을 대하는 자의 마음입니다.

요셉이 율법을 지키지 않은 이유는 생명을 살리고자 했던 그의 마음에 있었습니다. 그리고 성경은 그런 요셉을 '의로운 사람'이라고 기록했습니다. 반면에 바리새인들은 자신을 자랑하려는 동기에서 율법을 지켰습니다. 또한 율법을 지키지 않는 사람들에 대해 가차 없이 정죄했습니다. 그들의 마음에는 자신을 드러내려는 이기적인 마음만 있었을 뿐 생명을 살리려는 의도는 없었습니다.

즉, 바리새인은 율법에 담긴 하나님의 진정한 뜻을 몰랐고, 하나님이 무엇을 원하시는지도 몰랐습니다. 그들은 자신들의 관점과 가치에 따라 율법을 바라보았고 해석했습니다. 마치 출제자의 의도는 생각하지 않고 자신의 의도대로만 시험 문제를 푸는 학생과 같은 모습이었던 것입니다.

율법의 목적은 생명을 살리는 것입니다. 하나님의 관심은 하나님의 백성들이 율법을 지키는 것 그 자체가 아니라 율법을 지킴으로써 생명을 얻는 것에 있었습니다.

선악과에 담긴 하나님의 마음

하나님은 천지를 창조하시며 첫 번째 인간인 아담을 창조하셨습니다. 그리고 그에게 에덴동산을 맡기시며 하나님을 대신하여 잘 다스리기를 바라셨습니다. 그때 하나님은 "동산의 모든 나무 열매를 먹어도 되지만 한 나무의 과실, 즉 선악을 알게 하는 나무의 열매를 먹지 말라"고 하셨습니다. 그러면서 만약 그것을 먹으면 "반드시 죽으리라"고 경고하셨습니다.

하나님은 인간을 지극히 사랑하십니다. 그래서 인간이 죽는 것을 결코 원하지 않으십니다. 그런데 이렇게 인간을 사랑하시는 하나님께서 "반드시 죽으리라"고 엄히 경고하신 이유는 무엇일까요? 하나님이 함정을 파놓고 아담이 이를 범하면 끔찍하게 죽이겠다는 경고일까요?

아니면 아담을 두렵게 만들려는 하나님의 협박일까요?

우리 하나님은 그런 하나님이 아니십니다. 하나님은 자신의 형상을 따라 창조하신 인간이 죽는 것을 원하지 않으십니다. 물론 거룩하신 하나님께서 이 땅에 가득한 죄악을 보시며 심판하신 적도 있고, 경고의 메시지로 무섭게 벌하신 적도 있지만, 한 번도 그것을 기뻐하신 적은 없으십니다. 예수님은 어떠하셨습니까? 자신을 팔려고 작정한 가룟 유다를 보시면서도 그를 안타까워하셨지 결코 저주하지 않으셨습니다.

이처럼 하나님은 아무리 큰 죄인이라도 그 생명을 살리기 원하시는 분이지, 죄인이기 때문에 죽어도 괜찮다고 생각하는 분이 아니십니다. 만일 하나님이 죄인의 죽음을 기뻐하셨다면 이 세상에 살아 있을 수 있는 사람은 아무도 없을 것입니다.

"반드시 죽으리라"는 하나님의 말씀에는 애절함이 담겨 있습니다. "이걸 먹으면 진짜 죽으니까, 절대로 먹으면 안 돼! 선악과를 먹으면 진짜로 죽으니까 제발 먹지 말고, 살아 달라"는 간곡한 말씀입니다.

"제발 죽지 말고 살아 달라"는 하나님의 부탁, 이것이 하나님의 마음입니다. 하나님은 우리에게 끊임없이 이 말씀을 하십니다. 하나님은 "죄악 가운데 죽지 말고 제발 살아 달라"고 하시면서 율법을 주셨습니다. 또한 독생자 예수 그리스도를 우리에게 주시면서 "내 아들을 주었으니 믿기만 하면 살 수 있다. 그러니 예수를 믿고 죽지 말고 살아 달라"고 말씀하십니다.

하나님은 끊임없이 인간들을 향해 애원하십니다. 죽지 말고 살아 달라고…. 그럼에도 불구하고 아담은 선악과를 먹고 말았습니다. 이왕 일이 이렇게 된 것, 하나님께서는 경고하신 대로 말씀에 순종하지 않은 아담을 죽이시면 됩니다. 창조주가 불순종한 피조물을 죽였다고 해서 문제될 것은 전혀 없습니다. 그런데 하나님은 아담을 그 자리에서 죽이지 않으셨습니다. 오히려 죄의 결과로 수치심을 알게 된 아담과 하와에게 가죽 옷을 만들어 입히시고, 육신의 수명이 다할 때까지 심판을 연기하셨습니다. 그래서 이 땅에 인류가 살 수 있게 되었고, 그 이후의 모든 죄인들이 당장 죽지 않고 회개할 기회를 얻게 되었습니다.

우리는 아담과 하와를 대하시는 하나님의 행동에서 죄인을 향한 하나님의 마음을 읽을 수 있습니다. 하나님은 죽어 마땅한 죄인을 즉각적으로 심판하지 않으시고 회개할 기회를 주십니다. 죄인들을 불쌍히 여기시는 하나님의 사랑이 심판을 미루는 것입니다. 하나님은 할 수만 있다면 심판을 연기하셔서 한 영혼이라도 더 살리기를 원하십니다. 이것이 하나님의 마음입니다.

이런 하나님께 큰 고민이 있었습니다. 아담의 범죄 이후로 모든 사람이 죽게 된 것입니다. 하나님은 살리고 싶으셨지만 모두가 죄인이기 때문에 살 수 있는 사람이 하나도 없었습니다. 결국 하나님은 죄인인 인간들을 살리기 위해 독생자 예수 그리스도를 이 땅에 보내실 수밖에 없었습니다. 하나님께서 하나님 스스로의 공의를 의지하시어 구원의 길을 만드신 것입니다.

사람이 없음을 보시며 중재자가 없음을 이상히 여기셨으므로 자기 팔로 스스로 구원을 베푸시며 자기의 공의를 스스로 의지하사(사 59:16).

이를 위해 하나님이신 예수 그리스도께서 이천 년 전, 낮고 천한 이 땅에 친히 오셨습니다. 그리고 인류의 죄를 대신 짊어지시고 십자가에서 죽임 당하심으로 죄 값을 치르셨습니다. 위대하신 창조주가 타락한 피조물을 살리기 위해서 대신 죄 값을 치른 엄청난 사건이 일어난 것입니다.

만약 "선악과를 먹으면 반드시 죽으리라"고 말씀하신 이유가 인간을 협박하거나 함정에 빠뜨리기 위한 것이라면, 하나님이신 예수님이 인간을 구원하기 위해 이 땅에 오셔서 죽임을 당하실 이유가 없었을 것입니다. 따라서 예수님이 우리를 위해 죽임 당하셨다는 것은 선악과를 먹으면 반드시 죽을 것이라고 하신 말씀이 협박이나 함정이 아니라는 것을 말해주고 있습니다.

우리는 창조주가 피조물을 위해서 대신 죽으신 이 말도 안 되는 사건을 통해서 하나님의 마음을 알 수 있습니다. 예수님께서 무엇 때문에 피조물을 위해 대신 죽으셨나요? 여러 가지 답을 할 수 있겠지만 진정한 하나님의 마음은 단 한 가지입니다. 죽지 말고 살라는 것입니다. 예수를 믿어 죽지 말고, 제발 살아 달라는 것입니다.

그래서 우리는 "죄를 지으면 반드시 죽으리라"는 하나님의 음성에서 "제발 죽지 말고 살아다오"라는 하나님의 애원을 들어야 하는 것입니다.

소돔과 고모라, 그리고 아브라함

우리가 죄인임에도 불구하고 우리를 살리기 원하시는 하나님, 그 하나님의 마음이 잘 나타난 성경의 또 다른 이야기가 있습니다. 바로 소돔과 고모라의 멸망에 관한 이야기입니다. 그 내용을 간단히 살펴보면 이렇습니다.

하나님께서는 타락이 극에 달한 소돔과 고모라에 대한 심판의 계획을 아브라함에게 말씀하셨고, 아브라함의 중보로 의인 10명만 있어도 그 성을 용서하겠다는 약속을 하셨습니다. 그러나 결국 의인 10명이 없어서 소돔과 고모라는 멸망당하고 맙니다.

이 짧은 이야기는 거룩하신 하나님이 죄를 미워하시고, 죄에 대해서 심판하신다는 사실을 말해줍니다. 그래서 이 이야기를 통해 우리도 죄를 짓지 말아야 한다는 결론에 도달하게 됩니다. 그러나 이 본문을 자세히 살펴보면 그 이상의 귀중한 교훈을 발견할 수 있습니다.

하나님께서 소돔과 고모라의 죄에 대해 심판하신 것은 사실이지만, 그 과정 중에 앞에서 말한 것처럼 논리와 상식을 벗어난 내용들이 있습니다. 그 안에 담긴 하나님의 마음을 살펴보고자 합니다.

하나님의 불필요한 행동

소돔과 고모라는 죄악이 가득한 땅이었습니다. 하나님께서는 이렇듯 죄악이 가득한 소돔과 고모라 땅을 보시며 심판하실 것을 결정하셨습니다. 그런데 하나님은 소돔과 고모라를 심판하시기 전에 전혀 뜻밖의 행동을 합니다. 창세기 18장 21절에 언급된 것처럼 '진짜 그런 죄악이 있는지 직접 확인하겠다'는 것입니다.

하나님께서는 소돔과 고모라의 죄를 이미 알고 계셨습니다. 그런데도 직접 가서서 시찰하실 필요가 있었을까요? 그곳에 죄악이 가득하다는 것을 이미 알고 계셔서 심판을 계획하신 하나님이 왜 이런 불필요한 행동을 하셨을까요?

또한, 설령 하나님이 소돔과 고모라를 시찰하셔야 할 이유가 있었다 할지라도 소돔과 고모라를 심판하기 위해 그곳을 시찰하러 가신다는 계획을 아브라함에게 숨기지 않고 스스로 밝히고 계시다는 것도 매우 이상한 일입니다. 왜냐하면 아브라함이 소돔과 고모라에 대해 질문한 것도 아니었고, 또 소돔과 고모라를 심판하는 것 자체가 아브라함과 직접적인 관계가 있는 일이 아니었기 때문입니다. 결국 이것은 하나님 스스로가 아브라함에게 가르쳐주고 싶으셨다는 것을 의미합니다.

그 사람들이 거기서 일어나서 소돔으로 향하고 아브라함은 그들을 전송하러 함께 나가니라 여호와께서 이르시되 내가 하려는 것을 아브라함에게 숨기겠느냐

… 여호와께서 또 이르시되 소돔과 고모라에 대한 부르짖음이 크고 그 죄악이 심히 무거우니 내가 이제 내려가서 그 모든 행한 것이 과연 내게 들린 부르짖음과 같은지 그렇지 않은지 내가 보고 알려 하노라(창 18:16-21).

여기서 우리가 알 수 있는 것은 크게 두 가지입니다.

첫째는 하나님께서 소돔과 고모라를 우발적으로 심판하신 것이 아니라는 사실입니다. 고민하시고 시찰하셔서 최후의 수단으로 어쩔 수 없이 하신 일이라는 것을 말하고 싶으신 것입니다.

둘째는 하나님께서 소돔과 고모라를 향한 심판을 말려줄 사람으로 아브라함을 선택하셨다는 사실입니다. 하나님은 사랑이십니다. 그렇기 때문에 하나님은 소돔과 고모라를 살리고 싶으셨습니다. 그러나 하나님의 또 다른 속성이신 공의로 말미암아 죄악을 그대로 두고 보실 수 없으셨기에 어쩔 수 없이 그 땅을 심판하실 수밖에 없었습니다. 그래서 하나님은 그 땅을 위해 중보해줄 만한 사람으로 아브라함을 찾으셨고, '그들을 위해 기도해달라'는 의미로 아브라함에게 그 사실을 알리신 것입니다.

생명을 살리는 합법적 명분, 중보기도

이렇듯 하나님께 누군가를 살려달라는 중보의 기도는 매우 중요한 역할을 합니다. 중보기도가 생명을 살리는 명분이 되기 때문입니다. 중보기도는 하나님의 공의를 손상시키지 않으면서도 죄인의 생명을 구할 수 있는 합법적인 명분입니다. 이러한 명분을 얻기 위해서 하나님은 아브라함에게 소돔과 고모라를 멸망시킬 계획을 말씀하신 것입니다.

이러한 예들이 성경에 많이 나와 있지만, 대표적으로 모세의 중보기도를 들 수 있습니다. 출애굽기 32장에서 하나님께서는 이스라엘 백성들을 진멸하려 하셨습니다. 모세가 시내산에 올라가 하나님의 말씀을 받는 동안, 이스라엘 백성들이 금송아지를 만들어 우상숭배의 죄를 저질렀기 때문입니다.

그러나 그때 모세가 하나님께 이스라엘 백성들을 용서해달라고 간절히 청했습니다. 그로 인해 하나님은 이스라엘 백성들을 멸하실 뜻을 돌이키셔서 이스라엘 백성들은 화를 당하지 않을 수 있었습니다. 모세의 중보기도가 이스라엘 백성들을 살릴 수 있는 명분이 된 것입니다.

여호와께서 또 모세에게 이르시되 내가 이 백성을 보니 목이 뻣뻣한 백성이로다 그런즉 내가 하는 대로 두라 내가 그들에게 진노하여 그들을 진멸하고 너를 큰 나라가 되게 하리라 모세가 그의 하나님 여호와께 구하여 이르되 여호와여 어찌하여 그 큰 권능과 강한 손으로 애굽 땅에서 인도하여 내신 주의 백성에게 진노하시나이까 … 주의 맹렬한 노를 그치시고 뜻을 돌이키사 주의 백성에게 이 화를 내리지 마옵소서 … 여호와께서 뜻을 돌이키사 말씀하신 화를 그 백성에게 내리지 아니하시니라(출 32:9-14).

이처럼 중보기도는 하나님의 심판을 막고, 하나님의 은혜를 흘려보내는 생명의 통로가 됩니다. 하나님께서는 소돔과 고모라를 위해서 이런 중보기도를 필요로 하셨습니다. 하나님이 심판 계획을 아브라함에게 알리신 것은 아브라함이 그런 역할을 담당하기 원하셨기 때문입니다. 그 이후의 대화에서 소돔과 고모라를 살리고 싶어 하시는 하나님의 마음이 보다 분명하게 나타나고 있습니다.

하나님과 아브라함의 대화

하나님과 아브라함의 대화를 조금 더 살펴보겠습니다. 아브라함은 하나님이 소돔과 고모라를 멸망시키시겠다는 이야기를 듣자 곧 그들을 위해 간청하기 시작합니다. 아브라함은 "그 성 중에 의인 50명이 있어도 그 땅을 멸하시겠습니까?"라고 묻습니다. 그리고 죄인과 함께 의인을 멸하시는 것은 부당한 일이라고 주장하며 그들을 살려주실 것을 요구합니다.

그러자 하나님께서는 "의인 50명을 찾으면 그들을 위해서 모든 성을 용서하겠다"는 약속을 주십니다.

그러나 그후에도 아브라함은 계속해서 조건을 바꿉니다.

"의인 45명이 있으면 어떻게 하시겠습니까?"

"40명은 어떠세요?"

"30명? 20명이 있으면 어떻게 하시겠습니까?"

그리고 마지막에는 "의인 10명이 있으면 어떻게 하시겠습니까?"라고 하나님께 묻습니다.

하나님께서는 아브라함의 모든 조건에 "좋다"고 말씀하십니다. 그리고 마지막 질문인 "의인 10명이 있으면 어떻게 하시겠습니까?"라는 질문에도 "의인 10명이 있으면 모든 성을 용서하겠다"라고 약속해 주십니다.

우리는 이 이야기에 너무나 익숙해져 있어서 별로 특이한 점을 느끼지 못할 수도 있습니다. 그러나 "만약 내가 아브라함이었다면?"이라고 생각해보면 느끼는 바가 지금과는 전혀 다를 것입니다.

여러분이 하나님과 대면하여 원하는 것을 말씀드렸다고 해봅시다. 그런데 잠시 후 방금 말씀드린 것이 조금 부족한 것 같아서 두 번째 다른 것을 말씀드렸습니다. 여러분이라면 이 상황에서 다시 세 번째 하나님께 다른 제안을 할 수 있겠습니까? 하나님 앞에서 동일한 말을 세 번 반복하는 것도 쉬운 일이 아닌데, 아브라함은 하나님과의 대화에서 여섯 번씩이나 제안을 새롭게 했습니다. 이것은 엄청난 사건입니다.

우선 크고 놀라우신 하나님, 지혜가 충만하신 하나님 앞에서 우리가 하나님의 계획 대신 다른 제안을 한다는 것 자체가 어려운 일입니다. 게다가 그것을 여섯 번씩이나 번복하여 다시 제안한다는 것은 보통 사건이 아닙니다.

특히 아브라함이 살던 시대는 '좋으신 하나님', '친근한 하나님'이라는 개념보다 '크고 위대하신 하나님', '두렵고 떨리는 하나님', '우리가 함부로 대할 수 없는 거룩하신 하나님'이라는 개념이 더 강했습니다. 그런 하나님께 아브라함은 말 그대로 목숨을 걸고 소돔과 고모라를 살리기 위해서 중보하고 있는 것입니다.

그러면 여섯 번 제안한 아브라함의 중보에 대한 하나님의 반응은 어땠습니까?

"하나님, 의인 50명이 있으면 그 성을 용서해주십시오."

"응, 그래."

"45명?"

"그래. 그렇게 하자!"

"10명은 어떠세요?"

"좋다. 그러자꾸나!"

하나님은 아브라함이 계속 말을 바꾸고 있는데도 한 번도 노여워하지 않으십니다. 그냥 듣고만 계십니다. 그리고 답은 언제나 "네 말대로 하겠다"였습니다. 하나님이 아브라함의 반복적인 요구를 계속 들어주신 것은 결코 상식적인 이야기가 아닙니다. 이 이야기를 상식적인 이야기로 만들려면, 하나님이 소돔과 고모라를 멸망시키겠다고 말씀하신 후, 아브라함은 "아멘, 주님의 뜻을 이루시옵소서"라고 대답했어야 합니다. 이것이 가장 상식적인 이야기입니다. 그런데 오히려 하나님은 소돔과 고모라를 멸망시키지 말아달라는 아브라함의 반복적인 요구를 계속해서 수용하고 계십니다.

하나님의 마음에 맞는 기도

어떻게 이런 일이 가능할까요? 지금 아브라함이, 하나님이 간절히 원하시는 것을 요청하고 있기 때문입니다. 하나님은 그 성을 살리고 싶으셔서 심판 계획을 아브라함에게 말씀하셨고, 아브라함이 하나님의 그 바람대로 "그 성을 살려주소서"라고 기도하고 있기 때문에 한번도 화를 내지 않으시고 계속해서 아브라함의 요청을 들어주고 계신 것입니다.

한편, 성경에는 하나님께서 아브라함의 이 같은 반복적인 요구에 순응하셨던 것과는 반대되는 장면도 나옵니다. 바로 하나님이 모세를 부르시는 장면입니다.

하나님은 모세를 불러서 애굽 왕 바로에게 보내려고 하셨습니다. 그때 모세는 "저는 적합한 사람이 아닙니다"라고 말하며 하나님의 부르심을 거절했습니다. 모세의 거절이 수차례 계속되자 하나님은 결국 모세에게 화를 내셨습니다.

모세가 이르되 오 주여 보낼 만한 자를 보내소서 여호와께서 모세를 향하여 노하여 이르시되 레위 사람 네 형 아론이 있지 아니하냐 그가 말 잘하는 것을 내가 아노라 그가 너를 만나러 나오나니 그가 너를 볼 때에 그의 마음에 기쁨이 있을 것이라(출 4:13-14).

하나님이 모세에게 화를 내신 이유가 무엇이었을까요? 모세가 계속해서 그를 통해 이스라엘 민족을 구원하시려는 하나님의 계획을 거부했기 때문입니다. 하나님의 마음에 맞지 않았기 때문이지요.

이와는 반대로 하나님이 끝까지 화내지 않으시고 아브라함의 제안을 계속해서 듣고 계시는 이유는 그의 기도가 하나님의 마음에 맞았기 때문입니다. 아브라함이 하나님이 원하시는 기도, 즉 생명을 살리는 기도를 하니까 몇 번을 번복해도 화를 내지 않으시고 다 들어주신 것입니다.

하나님께서는 실수하지 않으시며, 정한 마음을 함부로 바꾸지 않으십니다. 그런데 실제로 멸망시키려는 계획을 바꾼 예도 있습니다. 우리는 그런 예를 요나서에서 볼 수 있습니다.

하나님은 니느웨를 멸망시키기로 작정하셨습니다. 그렇다면 그냥 심판하시면 됩니다. 그러나 니느웨가 회개할 수 있도록 선지자 요나를 보내십니다.

니느웨가 구원 받는 것을 싫어한 요나가 하나님의 명령에 순종하지 않고 다시스로 도망하자, 하나님은 끝까지 요나를 따라가서 결국에는 요나가 니느웨에 들어가 하나님의 심판에 대한 메시지를 선포하게 하셨습니다. 그로 인해 니느웨 백성들은 하나님 앞에 회개하고 하나님의 심판을 면하게 되었습니다.

하나님이 이렇게 자신의 계획을 변경하신 것은 애초에 하나님이 잘못 계획하신 것이 아니라 살릴 수 있는 명분을 얻자 멸망의 계획을 바꾸신 것입니다. 이처럼 하나님은 생명을 살릴 수 있다면 자신의 계획을 쉽게 변경하십니다. 살릴 수 있는 그 어떤 명분만 있다면 심판의 계획을 취소하십니다. 이것이 하나님의 마음입니다.

가장 중요한 가치관, 생명

우리는 어떤 세상을 살고 있습니까? 현대 사회는 과거 어느 시대보다 인권과 생명을 강조하는 시대입니다. 또한 잘 정비된 법적인 논리가 인권과 생명을 보호한다고 생각합니다. 그러나 오히려 이러한 점이 우리를 착각에 빠트립니다.

우리는 그 어느 때보다 자본과 물질이 강한 힘을 발휘하는 세상에 살고 있습니다. 생명의 가치조차 물질에 의해 측정될 수 있으며 그것이 자연스럽게 여겨지는 시대에 살고 있습니다. 우리는 자신의 이익을 위해서라면 다른 사람의 생명조차도 가볍게 여기는 이야기를 어렵지 않게 들을 수 있습니다.

하나님을 믿는 우리 역시 이런 세상에서 살기 때문에 세상의 가치관에 큰 영향을 받을 수밖에 없습니다. 그래서 요즘에는 교회에 다니는 사람들과 다니지 않는 사람들의 삶의 가치관이 크게 구별되지 않을 정도입니다. 심지어 물질적인 풍요와 사회적인 지위 때문에 교회에 다니는 사람들도 있을 정도입니다.

하지만 세상에서 자본과 물질의 영향력이 확대될수록, 성도들은 하나님의 뜻과 가치를 좇기 위해 노력해야 합니다. 하나님의 뜻이 무엇입니까? 그것은 생명을 살리는 것입니다. 성경에서 '의로운 사람'이라고 표현하는 요셉이 모세의 율법을 어기면서까지 지키고자 했던 것은 마리아와 아기 예수님의 생명이었습니다. 또 요셉의 의로운 행동을 통해 생명을 보존한 예수님은 죄인들을 살리기 위해 피조물을 대신해서 죽으셨습니다.

'생명을 살리는 것', 이것이 성경에 담겨 있는 하나님의 마음입니다. 또한 이것이 하나님이 가장 원하시는 소원입니다.

만일 우리의 가치관과 생활이 생명을 살리는 것에 초점을 맞추고 있지 않다면, 우리는 우리 자신의 신앙을 다시 한 번 점검해야 합니다. 생명을 살리시려는 하나님의 소원이 우리의 소원이어야 하는 것입니다.

2장 _ 죄인을 살리기 원하시는 하나님

심판은 하나님의 뜻인가?

앞에서 우리는 하나님께서 생명을 살리고자 하신다는 이야기들을 살펴보았습니다. 율법을 어긴 요셉을 의롭다고 칭찬하신 일, 아담이 죽지 않기를 바라셨던 모습, 소돔과 고모라의 심판 과정에 있었던 하나님의 불필요한 행동, 그리고 아브라함과의 대화 속에 나타난 하나님의 마음 등이 이런 예들입니다. 이외에도 하나님이 생명을 살리고자 노력하시는 모습들은 성경에 수없이 나타나 있습니다. 그러나 한편으로 심판과 징계에 대한 이야기들도 성경에 많이 기록되어 있습니다.

한 번 죽는 것은 사람에게 정해진 것이요 그 후에는 심판이 있으리니(히 9:27).

이 말씀처럼 하나님의 심판이 인생이 끝난 후에 행해지는 경우도 있지만, 노아의 홍수나 소돔과 고모라의 경우처럼 현 생애에 나타나는 경우도 있습니다. 이런 심판에 대한 이야기들 때문에 어떤 성도들은 하나님을 두렵고 떨리는 분으로만 생각하기도 합니다.

이런 사실이 우리에게 혼란을 주기도 합니다. 생명을 살리기 원하시는 하나님이 마지막 날의 심판뿐 아니라 현재의 삶에서도 심판을 주신다는 사실이 쉽사리 이해되지 않을 수 있기 때문입니다. 그래서 생명을 살리기 원하시는 하나님이 우리의 삶에 심판을 행하신다는 것이 모순처럼 들리기도 합니다. 이 같은 의문점을 풀기 위해 심판에 담긴 하나님의 마음을 살펴보겠습니다.

거룩하신 하나님과 타락한 인간

나는 너희의 하나님이 되려고 너희를 애굽 땅에서 인도하여 낸 여호와라 내가 거룩하니 너희도 거룩할지어다(레 11:45).

'거룩'은 하나님의 속성을 언급할 때, 우선적으로 언급되는 것 중의 하나입니다. 이 세상을 창조하시고 통치하시는 전능자에게 거룩함과 의로움은 절대적으로 요구되는 사항입니다.

한 나라의 살림을 하는 고위 공무원이나 정치인들에게 요구되는 것도 비슷하지 않습니까? 한 나라의 장관으로 일하는 고위 공무원의 자격은 단순히 개인의 업무 능력에 그치지 않습니다. 법적으로는 물론 도덕적으로 깨끗해야 합니다. 일반 공무원일 때는 별로 신경 쓰지 않던 부분들도 고위 공무원이 되려면 많은 사람들의 검증을 받아야 합니다.

그래서 실제로 장관직에 내정되었다가도 법적, 도덕적 문제 때문에 탈락하는 경우를 종종 보게 됩니다. 한 나라를 다스리는 자리도 남다른 도덕성 검증이 필요한데, 하물며 온 우주를 다스리시는 분은 어떻겠습니까?

그런 거룩하신 하나님과 함께 거하기 위해서 우리에게도 반드시 필요한 조건이 바로 '거룩'입니다. 인간이 하나님과 함께할 수 없는 가장 근본적인 문제가 바로 이것입니다. 하나님은 거룩하시지만, 우리 인간은 죄가 있다는 사실입니다. 만일 우리에게 죄가 없다면 에덴동산에서 아담과 하와가 하나님을 대면하며 함께 살았던 것처럼, 여전히 하나님과 함께 행복한 삶을 살고 있을 것입니다.

그러나 불행하게도 인간은 정결하게 창조되었지만 죄를 지어 타락하고 말았고, 결국 죽음을 맞게 되었습니다. 로마서 6장 23절은 "죄의 삯은 사망이요"라고 분명히 말하고 있습니다. 하나님은 완전한 거룩함을 가지신 분입니다. 그렇기 때문에 죄를 지은 인간은 그 죄 때문에 더 이상 하나님께로 가까이 갈 수 없게 되었습니다. 하나님은 생명의 근원이시라 이러한 분리가 자연스럽게 인간을 죽음에 이르게 했습니다. 이 죽음은 영적인 죽음, 육체적인 죽음 모두를 포함하는 것입니다.

모든 사람이 죄를 범하였으매 하나님의 영광에 이르지 못하더니 (롬 3:23).

에덴에서 쫓겨난 인간은 그 후에도 계속해서 죄를 지었습니다. 그리고 인간의 죄가 만연해질 때마다 하나님은 그들을 징계하셨습니다. 인간을 미워해서가 아니라 거룩하신 하나님이 죄악을 보고만 계실 수 없으셨기 때문입니다.

사랑이 많으신 하나님이시지만 그럼에도 불구하고 거룩하신 하나님이시기 때문에 심판을 하셔야만 했습니다. 하나님이 직접 창조하신 아담을 내치셨고, 소돔과 고모라를 멸망시키셨습니다. 뿐만 아니라 아브라함을 통해 선택하신 이스라엘이 하나님을 대적하여 떠날 때 책망하셨고, 율법을 통해 죄를 끊어버리도록 말씀하셨습니다. 이렇게 거룩하신 하나님은 죄에 대해서 엄하게 경고하십니다.

물론 죄를 짓고도 이 땅에서는 심판을 받지 않는 경우도 종종 볼 수 있습니다. 그러나 심판을 영원히 피할 수는 없습니다. 사랑의 하나님께서 회개할 기회를 주시기 위해 이 땅에서 심판 받지 않는 죄인이 있을 수는 있지만, 마지막 날에 영원한 심판까지 피할 수 있는 죄인은 없습니다. 이 땅을 창조하셨고, 다스리고 계시며, 심판하실 하나님께서는 자신이 거룩한 것처럼 하나님의 백성들에게도 거룩할 것을 명령하고 계십니다. 죄에서 떠나지 못하고 거룩하지 못한 사람들은 결국 하나님의 심판을 받게 됩니다.

제사장 나라를 향한 하나님의 기대

그렇다면 하나님은 어떤 의도로 이 땅에서 인간을 심판하고 징계하시는 걸까요? 우리는 그에 대한 해답을 이스라엘 민족의 예를 통해서 알 수 있습니다.

세계가 다 내게 속하였나니 너희가 내 말을 잘 듣고 내 언약을 지키면 너희는 모든 민족 중에서 내 소유가 되겠고 너희가 내게 대하여 제사장 나라가 되며 거룩한 백성이 되리라 너는 이 말을 이스라엘 자손에게 전할지니라(출 19:5-6).

이 말씀 안에 하나님이 이스라엘을 선택하신 이유와 그들에게 기대하신 것이 무엇인지가 나타나 있습니다. 그것은 바로 '제사장 나라의 역할'입니다. 하나님께서는 이스라엘이 제사장 나라의 역할을 감당하기 원하셨던 것입니다. 그렇다면 제사장의 역할이란 무엇입니까?

너희는 택하신 족속이요 왕 같은 제사장들이요 거룩한 나라요 그의 소유가 된 백성이니 이는 너희를 어두운 데서 불러 내어 그의 기이한 빛에 들어가게 하신 이의 아름다운 덕을 선포하게 하려 하심이라(벧전 2:9).

이 말씀에서 보듯이 제사장의 역할은 '아름다운 덕을 선포하는 것', 즉 구원의 통로가 되는 것입니다. 이것을 통해 하나님이 이스라엘을 선택하신 이유를 알 수 있습니다. 그것은 이스라엘이 '제사장 나라'의 역할을 감당하여 다른 나라와 민족에게 구원의 통로가 되게 하는 것입니다. 그리하여 결국에는 모든 나라와 민족이 구원을 얻게 되는 것이 하나님의 계획이었습니다.

이 같은 목적을 위해서 하나님은 이스라엘 백성들의 삶에 구체적으로 간섭하셨습니다. 율법을 주심으로써 하나님의 백성들이 살아가야 할 도리를 가르치셨고, 그 율법을 지킴으로써 하나님 백성으로서의 사명을 감당하게 하셨습니다. 하나님께서 친히 제사장 나라로 택하신 이스라엘을 향해 특별한 사랑을 부어주신 것입니다.

죄의 길에서 떠나 사명의 길로 돌아오라

이스라엘은 하나님의 특별한 사랑을 받은 선택된 민족이었지만 아이러니하게도 하나님께 가장 많은 책망을 받은 민족도 다름 아닌 이스라엘이었습니다. 왜냐하면 이스라엘 백성들이 하나님의 특별한 사랑과 은혜를 받았음에도 불구하고 하나님의 마음을 알지 못했고 하나님의 뜻대로 살지 못했기 때문입니다.

노예 생활하며 압제 당하던 애굽에서 나와 가나안으로 향하는 광야 길 가운데서도 이스라엘 백성들은 애굽에서의 풍습을 잊지 못하고 그들의 모습을 따라가려 했습니다. 광야에서의 여정이 고될 때마다 애굽에서 종살이 하는 것이 낫겠다고 하며 되돌아가려고 했습니다. 그리고 하나님이 약속하신 땅 가나안에 정착한 후에는 하나님의 명령대로 가나안 민족들을 쫓아내지 못하고 그들의 풍습을 좇아감으로 하나님 앞에 범죄하였습니다.

이렇듯 이스라엘 백성들은 이방 민족의 풍습을 좇아 하나님을 멀리

하고 우상을 숭배하는 등 하나님 앞에 수많은 죄를 지음으로 하나님께 많은 책망을 받아야 했습니다. 물론 이스라엘 백성들이 죄를 짓고 잘못한 것은 분명한 사실입니다. 그러나 어찌 보면 유독 높은 기준에 의해서 더 많은 책망을 받았다는 변명도 가능해 보입니다.

이스라엘은 하나님의 부르심의 목적을 따라 이 땅에서 제사장의 역할을 감당해야 했습니다. 열방에 하나님의 마음을 전해야 했고, 그들을 위해 기도하는 사명을 감당해야 했던 것이지요. 그러나 이스라엘은 자신들의 본분을 망각한 채 헛된 우상을 섬기는 이방 민족을 따라갔습니다. 결국 이스라엘은 하나님의 사랑과 기대에 부응하지 못하고 구원의 통로로서의 역할을 감당하지 못했기 때문에 하나님께 책망을 받은 것입니다.

그러나 하나님은 이스라엘 백성의 죄악을 보시면서도 그들의 멸망을 바라지는 않으셨습니다. 오히려 이스라엘이 범죄하고 하나님을 떠났을 때, 하나님께서는 이스라엘을 향해 끊임없이 "돌아오라"고 말씀하셨습니다. 그리고 실제로 이스라엘이 회개하고 돌아왔을 때면 그들에게 아낌없는 은혜와 회복을 부어주셨습니다.

이것은 책망하고 심판하시는 하나님의 의도가 죄인을 포기하거나 멸망하기 위해서가 아니라는 증거입니다. 만약 징계 자체가 목적이었다면 "돌아오라, 회개하라"는 메시지를 선포할 이유는 없었을 것입니다.

죄인이 망하기를 원하지 않으시는 하나님

하나님은 죄인이 망하기를 원하지 않으십니다. 예를 조금 더 들어보겠습니다. 출애굽기 32장에서 하나님은 범죄한 이스라엘을 멸망시키고 모세를 통해 새로운 나라를 만들겠다고 하셨습니다. 이에 모세는 "주의 백성들에게 노하지 마시고 아브라함과 이삭과 야곱을 기억해주소서"라고 간청하였습니다. 모세의 그 말을 들으시고 하나님은 뜻을 돌이키셔서 이스라엘을 진멸하지 않으셨습니다.

온 우주를 다스리시는 하나님의 입에서 "내가 멸망시키겠다"는 말이 나왔을 때는 쉽게 나온 말도 아니었을 테고 빈말도 아니었을 것입니다. 하나님이 그렇게 작정하셨고 말씀하셨다면 분명 이스라엘이 멸망당하는 것이 합당한 일이었을 것입니다. 그러나 하나님은 이스라엘을 진멸하려는 마음을 바꾸셨습니다.

그 이유에 대해서 두 가지를 생각해볼 수 있습니다. 첫째는 모세의 중보기도입니다. 둘째는 하나님의 속마음은 사실 이스라엘의 멸망을 원하지 않으셨다는 것입니다. 우리는 이 두 번째 이유에 대해서 조금 더 깊이 생각해봐야 합니다.

만약 하나님께 이스라엘을 살리고 싶어 하는 마음이 없으셨다면, 모세가 아무리 중보기도를 했어도 이스라엘은 멸망을 면하지 못했을 것입니다. 따라서 하나님의 마음은 징계 그 자체가 아니라는 것을 알 수 있습니다.

어떤 종교에서는 배교자를 징계하고 죽이는 일이 자연스러운 일입니다. 그러나 우리 하나님께서는 생명을 그렇게 가볍게 여기지 않으십니다. 반드시 죽여야 하는 죄인임에도 불구하고 하나님은 오히려 그를 끝까지 살릴 수 있는 방법을 강구하십니다. 심판을 결정하셨어도 살릴 수 있는 방법과 명분만 있다면 하나님은 스스로 하신 말씀이라도 철회하십니다.

예수님은 어떠셨습니까? 요한복음 8장에 보면, 사람들이 음행 중에 잡힌 여자를 예수님 앞으로 끌고 옵니다. 그때 예수님은 "율법대로 여인을 죽여야 한다"고 말씀하지 않으셨습니다. 오히려 여인을 용서해 주시고, 그녀에게 "다시 죄를 짓지 말라"고 하시며 보내셨습니다.

마태복음 26장에는 예수님이 제자들과 함께 식사하시는 장면이 나옵니다. 그때 예수님은 당신을 팔려는 유다를 빗대어 "차라리 태어나지 않았으면 좋을 뻔하였느니라"고 말씀하시며 그를 매우 안타까워하셨습니다. 이렇듯 예수님 역시 죄인들을 불쌍히 여기시며 그들이 죽기를 바라지 않으셨습니다.

도리어 생명을 얻게 하는 책망

또한 우리를 향한 하나님의 계속된 책망에는 특별한 의도가 있습니다. 죄를 범하여 잘못한 자를 징계하시는 것은 징계를 통해 그를 죽이고자 하시는 것이 아니라 잘못된 길에서 돌이켜 도리어 생명을 얻게 하시기 위함인 것입니다.

이사야 28장 24-25절에 파종하는 자의 비유가 나옵니다. 여기에서 하나님은 "파종하려고 가는 자가 어찌 쉬지 않고 갈기만 하겠느냐?"고 질문하십니다.

파종하려고 가는 자가 어찌 쉬지 않고 갈기만 하겠느냐 자기 땅을 개간하며 고르게만 하겠느냐 지면을 이미 평평히 하였으면 소회향을 뿌리며 대회향을 뿌리며 소맥을 줄줄이 심으며 대맥을 정한 곳에 심으며 귀리를 그 가에 심지 아니하겠느냐(사 28:24-25).

파종하는 사람이 밭을 가는 이유는 밭의 상태를 더 좋게 만들어서 좋은 열매를 맺도록 하려는 것입니다. 밭을 가는 것 자체가 목적이 아니라 좋은 밭을 만들어서 좋은 열매를 거두는 것이 목적이라는 것입니다.

하나님의 징계와 책망이 이와 같습니다. 징계와 책망을 통해 우리의 죄악 된 모습을 깨끗하게 하시고, 하나님의 선한 일을 이루는 통로로 만드시는 것입니다. 책망 자체에 의미가 있는 것이 아니라, 책망을 통해서 회개하고 하나님의 자녀로서 거룩한 삶을 살게 만드는 것이 목적인 것입니다.

죄의 실상을 보여주는 징계

하나님의 징계 중에는 돌이켜 회개할 기회가 있는 징계가 있는가 하면 '노아 시대의 홍수 심판'이나 '소돔과 고모라의 멸망'과 같이 회개할 기회가 없는 경우도 있습니다. 생명을 살리기 원하시는 하나님이 어떤 의도로 이렇게 극단적인 심판을 행하시는 것일까요?

베드로후서 2장 6절에 기록된 것처럼, 소돔과 고모라에 대한 심판은 그 심판 자체가 목적이 아니었습니다. 죄악의 결과가 어떤 것인지, 죄악이 얼마나 끔찍한 것인지를 보여주기 위한 본보기가 그 목적이었습니다.

소돔과 고모라 성을 멸망하기로 정하여 재가 되게 하사 후세에 경건하지 아니할 자들에게 본을 삼으셨으며(벧후 2:6).

이런 관점에서 본다면 율법에 나오는 "죄인을 돌로 쳐 죽이라"는 조항이나 가나안을 점령할 때 "가나안 주민들을 진멸하라"(신 7:16)는 하나님의 명령에 담긴 진정한 의도를 어렵지 않게 알 수 있습니다. 바로 죄가 얼마나 무섭고 위험한 것인지 경고하고, 하나님 한분만을 경외하는 삶을 강조한 것이라고 유추할 수 있습니다.

하나님의 진정한 마음

우리가 분명히 알아야 할 것은 하나님께서는 생명을 죽이는 것을 원하지 않는 분이라는 것입니다. 하나님이 인간을 책망하시고 징계하실 때, 그 의도는 '생명을 살리는 것'에 있습니다. 생명을 죽이는 것이 아니라 살리는 것이 하나님의 뜻임을 다시 한 번 기억하기 바랍니다.

너는 그들에게 말하라 주 여호와의 말씀이니라 나의 삶을 두고 맹세하노니 나는 악인이 죽는 것을 기뻐하지 아니하고 악인이 그의 길에서 돌이켜 떠나 사는 것을 기뻐하노라 이스라엘 족속아 돌이키고 돌이키라 너희 악한 길에서 떠나라 어찌 죽고자 하느냐 하셨다 하라(겔 33:11).

악을 용서할 수 없으신 공의로우신 하나님, 거룩하신 하나님이 그분의 삶을 두고 맹세를 하시면서까지 말씀하시는 것은 하나님은 결코 악인이 죽는 것을 기뻐하지 않으신다는 것입니다. 소돔과 고모라를 멸망시키고 이스라엘을 책망하셨지만, 심판이 하나님의 궁극적인 목적이 아니라는 것입니다. 그들이 악한 길에서 돌이키지 않았고 죄악에서 떠나지 않았기 때문에 심판을 당했지만, 하나님은 결코 그들이 죽기를 바라지 않으셨습니다. 책망과 심판을 통해서도 하나님은, 죄악 가운데서 죽지 말고 악한 길에서 돌이켜서 제발 살아 달라고 말씀하고 계신 것입니다.

하나님의 죄인에 대한 마음이 어떠신지 표현하는 말씀이 또 있습니다.

우리가 아직 죄인 되었을 때에 그리스도께서 우리를 위하여 죽으심으로 하나님께서 우리에 대한 자기의 사랑을 확증하셨느니라(롬 5:8).

죄인이 단순히 죽어야 할 대상, 심판의 대상이라면 죄인인 우리를 위해서 그리스도께서 죽으셨다는 것은 말이 안 됩니다. 결국 이를 통해 알 수 있는 것은 하나님은 죄인을 미워하지 않으신다는 것입니다. 죄인을 향한 하나님의 사랑은 예수 그리스도를 통해서 가장 확실하게 증명되고 있습니다.

앞에서 언급한 바와 같이 예수 그리스도께서 이 땅에 오셨다는 것, 그리고 십자가에서 죽으셨다는 것은 기독교 역사상, 아니 인류 역사상 가장 말이 안 되는 사건입니다. 다시 말해서, 예수 그리스도의 죽으심은 하나님이 죄인을 얼마나 사랑하시는가를 가장 확실하게 보여주는 증거입니다.

이것이 하나님의 진정한 마음입니다. 하나님은 자신을 따르지 않는다고 지옥에 보내고, 죄를 지었다고 해서 목숨을 빼앗는 무자비한 분이 아니십니다. 죄인을 향하여 "죄악 가운데 죽지 말고 돌이켜 제발 살아 달라"고 부탁하시는 것, 이것이 바로 하나님의 진정한 마음입니다. 하나님의 경고와 심판을 보고 하나님을 두려운 분으로 인식하는 것은 그분을 오해하는 것입니다. 하나님의 진정한 마음은 '사랑'이십니다.

모든 사람은 죄인이다

세상을 사랑하시지만 공의로우신 하나님이시기에 죄악을 반드시 심판하셔야 하는 하나님께 큰 문제가 있었습니다. 바로 이 세상의 모든 사람이 죄인이라는 것입니다. 그래서 이 세상에는 스스로 살 수 있는 가능성을 가진 사람이 단 한 명도 없습니다. 왜냐하면 모든 사람은 죄인으로 태어나 죄인들과 더불어 살면서 언제나 죄를 지으며 살아가기 때문입니다.

그렇기 때문에 하나님이 살리고자 하시는 대상은 이 땅의 모든 사람이 됩니다. 자기 스스로 죄가 없다고 생각하는 사람은 있어도 진짜 죄가 없는 사람은 하나도 없습니다. 갓난아이도 예외가 아닙니다. 그렇기 때문에 이 땅의 모든 사람은 하나님이 살리고자 하시는 대상입니다.

그러므로 한 사람으로 말미암아 죄가 세상에 들어오고 죄로 말미암아 사망이 들어왔나니 이와 같이 모든 사람이 죄를 지었으므로 사망이 모든 사람에게 이르렀느니라(롬 5:12).

그래서 필연적으로 이 땅의 모든 사람은 단 한 명의 예외 없이 예수 그리스도의 대속의 공로를 필요로 합니다. 아무리 착하게 살았어도, 아무리 세상에서 인정하는 선한 사람일지라도 예수 그리스도 없이 거룩하신 하나님께로 나아가는 것은 불가능합니다. 오직 예수님을 통해서만 생명을 얻을 수 있고, 예수님을 통해서만 하나님께 나아갈 수 있습니다.

그런 의미에서 예수님을 영접하지 않은 모든 사람은 '죽어 있는 사람'이라고 말할 수 있습니다. 죄를 지은 인간은 죽을 수밖에 없는 존재이며, 오직 예수 그리스도와 함께할 때에만 생명을 가질 수 있습니다.

그러나 문제는 많은 사람들이 귀납법적 오류 속에서 자신들이 잘 살고 있다고 착각하고 있다는 데 있습니다.

이것이 무슨 말입니까? 예를 들어보겠습니다. 이 글을 읽고 있는 모든 독자는 '어제'를 살았을 것입니다. 그리고 이 글을 읽고 있는 지금 '현재'를 살고 있습니다. 그래서 대부분의 사람들은 '내일'도 살 수 있을 것이라고 생각합니다. 그러나 '내일'은 모든 사람에게 보장된 것이 아닙니다.

누군가에게는 '오늘'이 인생의 마지막 날이 될 수 있습니다. 우리 역시 언젠가는 '오늘'을 인생의 마지막 날로 보내게 될 것입니다. 그래서 엄밀한 의미에서 우리를 기다리고 있는 것은 '내일'이 아니라 '죽음'이라고 말할 수 있습니다. 그리고 예수님을 영접하지 않은 자는 하나님의 심판대 앞에서 영원한 죽음을 맞을 수밖에 없을 것입니다.

가끔씩 예수님을 믿지 않는 사람들 중에 다음과 같은 질문을 하는 사람들이 있습니다.

"예수님이 너무하신 것 아냐? 어떻게 사랑의 예수님이라고 하면서 자기를 안 믿으면 다 지옥에 보내는 것이지?"

얼핏 들으면 그럴듯한 불평입니다. 그리고 정말 예수님이 무자비한 분으로 여겨지기도 합니다. 그러나 이 질문에는 심각한 오류가 있습니다. 그 전제가 잘못되었기 때문입니다. 이 질문은 무엇을 전제로 하고 있습니까? 모든 사람이 현재 잘 살고 있다는 것입니다. 사람들은 현재 잘 살고 있는데, 하나님이 이렇게 잘 살고 있는 사람들을 예수님을 믿지 않는다는 이유로 지옥에 보낸다는 것입니다.

그러나 이러한 전제는 앞에서도 말한 것처럼 우리의 심각한 착각에 기반한 잘못된 것입니다. 이 땅의 모든 사람은 잘 살고 있는 것이 아니라 죄로 인해 결국 죽을 수밖에 없는 처지에 놓여 있기 때문입니다. 예수님은 잘 살고 있는 사람들을 지옥에 보내시는 분이 아니라, 오히려 죽어가는 사람들을 대신하여 죄 값을 치러주시고 누구든지 예수님을 믿기만 하면 구원의 은혜를 허락해주시는 분입니다.

예전에 <쉰들러 리스트>(Schindler's List)라는 영화를 본 적이 있습니다. 이 영화의 주인공인 쉰들러는 2차 세계대전 당시 수용소에서 죽게 될 유대인들을 군인들에게 돈을 주고 빼냈습니다. 그리고 그 유대인들을 자신의 공장에 고용하여 수용소로 끌려가지 않게 해주었습니다. 많은 유대인들을 죽음에서 건진 것입니다.

전쟁이 끝나고 자신의 공장에서 일하던 유대인들과 헤어지는 자리에서 쉰들러는 "내가 반지를 팔고, 자동차를 팔았으면 수용소로 끌려갈 유대인을 몇 명 더 살릴 수 있었을 텐데"라고 말하며 눈물로 자책합니다. 그러자 유대인들은 쉰들러에게 "충분히 많은 사람을 살렸다"고 위로하면서, 자신들을 살려준 것에 깊이 감사를 표합니다.

여기서 우리는 한 가지 질문을 해야 합니다. "과연 유대인들이 수용소에서 죽어간 것이 쉰들러의 잘못인가?"라는 질문입니다. 대답은 무엇입니까? "절대 아니다"입니다. 유대인들은 독일군의 죄악 때문에 죽어간 것이지, 쉰들러가 죽인 것이 아닙니다.

마찬가지로 예수님은 죽을 수밖에 없는 인간을 구원해주시는 분이지, 자신을 믿지 않는다고 함부로 지옥에 보내는 분이 결코 아니십니다. 오히려 믿기만 하면 구원해주시고 영원한 생명을 주시는 은혜의 하나님이신 것입니다.

영접하는 자 곧 그 이름을 믿는 자들에게는 하나님의 자녀가 되는 권세를 주셨으니(요 1:12).

이 땅의 모든 사람은 죄인이며 죽을 수밖에 없는 존재입니다. 자신에게 육체적인 생명이 아직 있다고 해서 영원한 생명을 가졌다고 말할 수는 없습니다. 하나님은 모든 사람을 살리기 원하시지만, 이 땅의 모든 사람은 자신의 죄 때문에 하나님께 나아가지 못하고 심판을 향해 가고 있는 것입니다.

그러나 예수님이 우리를 위해 대신 죽으심으로 우리에게 구원의 줄을 주셨습니다. 그 구원의 줄을 잡기만 하면 누구든지 죽음의 길을 벗어나 생명의 길로 들어갈 수 있는 것입니다.

죄에서 떠나되 죄인들을 떠나지 말라

예수님은 죽기까지 '우리'를 사랑하셨습니다. 우리를 위해 기꺼이 십자가를 지시고 고난을 당하셨습니다. 예수님이 그렇게 사랑하신 '우리'는 어떤 존재였습니까? 바로 '죄인'이었습니다. 우리가 아직 죄인 되었을 때 주님은 우리를 사랑하셨습니다.

우리가 아직 죄인 되었을 때에 그리스도께서 우리를 위하여 죽으심으로 하나님께서 우리에 대한 자기의 사랑을 확증하셨느니라(롬 5:8).

그렇다면 예수님의 사랑으로 구원 받은 우리의 삶은 어떠해야 합니까? 예수님이 우리에게 하셨던 것처럼, 우리 역시 죄인들을 사랑하고 죄인들을 향해 나아가야 합니다.

이 책을 읽는 분 가운데 이런 이야기를 새롭게 접하는 분은 거의 없을 것입니다. 그럼에도 불구하고 이렇게 장황하게 설명하는 것은 오늘날 교회의 사역이 점점 이미 구원 받은 생명을 얻은 성도를 향한 사역 쪽으로 가고 있기 때문입니다.

그러나 하나님의 소원은 분명합니다. 생명을 살리는 것, 이것이 하나님의 가장 큰 소원입니다. 그래서 교회는 항상 죄인을 바라보아야 하고, 그들을 살리는 것이 가장 중요한 사명이 되어야 합니다. 이것이 이미 생명 얻은 성도의 마땅한 의무입니다.

그러나 대부분의 성도들은 세상으로 나아가는 것이 아니라, 교회로만 향하고 있습니다. 우리의 시선이 교회로만 향하는 것은 문제가 있습니다. 하나님은 지금도 세상의 죄인들을 향해 나아가시며, 그들을 살리기 위해 온 열정을 다하고 계시기 때문입니다. 그래서 구원 받은 성도들이 죄인을 멀리하고 교회로만 모이는 것은 문제가 있다는 것입니다.

예를 들어보겠습니다. 어떤 청년이 있습니다. 그는 예수님을 구주로 영접하고 은혜를 받은 후에 하나님 앞에서 거룩하게 살고자 결단했습니다. 그리고 그는 신학교에 진학하게 되었습니다. 교회에서 봉사도 열심히 했고, 모임에도 성실하게 참석했습니다. 주중에는 학교에서 수업 마치자마자 교회의 모임에 참석했고, 주말에는 교회 봉사 때문에 하루 종일 교회에 머물렀습니다. 그러다 보니 자연히 친구들도 만나지 않게 되었고, 신학교 생활과 교회 생활에만 열심을 내게 되었지요.

이 청년은 교회 안에서 종종 볼 수 있는 '신앙 좋은 친구'의 모습입니다. 그런데 이 청년에게는 부족한 것이 하나 있었습니다. 믿지 않는 자들에게 예수님을 전할 기회가 없다는 것입니다. 학교에서는 신학생들만 만나고, 예전에 알던 친구들은 교회를 섬기는 시간에 밀려 만나지 못합니다. 교회에 와서는 교회 안의 형제, 자매들만 만납니다. 몇 년 동안 열심히 신앙생활 했지만 복음을 전할 기회는 거의 없었습니다. 그러다 문득 그 청년은 이런 고민을 하게 되었습니다.

"왜 교회 생활을 열심히 하면 할수록 교회 안에서만 살아가게 되는 것일까?"

교회 안의 많은 사람들이 이 청년과 같은 고민에 빠지곤 합니다. 물론 예수 믿는 성도들이 교회에 모이는 것은 매우 중요한 일입니다. 성도들은 함께 모여 하나님을 찬양하고 서로 믿음의 교제를 나누어야 하기 때문입니다. 또한 성도는 원래 거룩했던 사람들이 아니라 예수 그리스도를 통하여 용서받은 죄인들입니다. 따라서 성도들은 죄를 떠나 하나님 앞에서 거룩하게 살도록 노력해야 합니다.

그렇다고 성도들이 죄에서 떠나 구별되어야 한다는 말이 죄인들을 버리고 살아야 한다는 것을 의미하지는 않습니다. 하지만 성도들의 실제 생활을 살펴보면, 죄에서 떠나기 위해 죄인들을 멀리하는 경향이 나타납니다. 우리는 죄에서 떠나야 하는 것이지 죄인을 떠나야 하는 것이 아닙니다. 죄인들을 전혀 만나지 않는다면 그들을 통해 받을 수 있는 악한 영향력을 차단할 수는 있을지 몰라도, 그것은 성도를 향한 하나님의 뜻과는 거리가 먼 삶입니다.

여전히 죄인을 사랑하시는 하나님

하나님은 거룩하신 분이지만, 죄인들을 사랑하십니다. 독생자 예수 그리스도를 이 땅에 보내시고, 십자가에 달려 죽게 하시기까지 죄인들을 사랑하셨습니다. 예수님도 제자들에게 "죄와 구별되어 거룩하게 살라"고 가르치셨지만, 바리새인들과 제사장들에게 비난 받을 것을 아시면서도 세리와 창기들의 친구가 되어주셨습니다. 그리고 그들에게도 거룩하게 살 것을 가르치셨습니다.

바리새인의 서기관들이 예수께서 죄인 및 세리들과 함께 잡수시는 것을 보고 그의 제자들에게 이르되 어찌하여 세리 및 죄인들과 함께 먹는가 예수께서 들으시고 그들에게 이르시되 건강한 자에게는 의사가 쓸 데 없고 병든 자에게라야 쓸

데 있느니라 나는 의인을 부르러 온 것이 아니요 죄인을 부르러 왔노라 하시니라
(막 2:16-17).

　반면에 바리새인들은 어떻게 행동했습니까? 그들은 거룩한 삶을
위해서 죄인들과는 자리도 함께하지 않았습니다. 그러나 그들은 하나
님의 뜻을 따른 것이 아니라 자신들의 이념을 따른 것이었습니다.

　그들 자신은 스스로가 철저하게 하나님의 말씀을 따르는 삶을 살고
있다고 생각했지만, 하나님의 말씀을 좇아 사람들을 사랑하기보다는
책망하기에 바빴습니다. 심지어 하나님 아버지의 뜻을 따라 이 땅에
하나님 나라를 전파하시던 예수님을 죽이려고도 했습니다. 그들은 거
룩해지려고 죄인들을 떠나 있었지만, 그들의 마음은 오히려 예수님이
보시기에 죄악으로 가득했습니다.

　우리는 하나님처럼 거룩해야 하는 동시에 여전히 죄인을 사랑하시
고 죄인들을 품어주시는 하나님의 마음을 가져야 합니다. 그리고 그
마음으로 죄인들을 사랑하며 섬겨야 합니다.

　하나님의 눈은 여전히 죄인들을 향하고 있습니다. 이 땅에 죄가 들
어온 이후로 하나님은 항상 어떻게 죄인들을 살릴 것인가를 고민하셨
습니다. 교회 안에 있는 성도들이 행복하게 잘 사는 것도 하나님이 원
하시는 것이지만, 하나님의 관심사는 여기에만 머물지 않으십니다.

　"교회 밖에서 죽어가는 사람들을 어떻게 살릴 것인가?"

　이것이 하나님의 가장 큰 고민거리입니다. 하나님이 죄인들을 살리

기 위해서 지금도 여전히 고민하고 계시다면 이 땅의 교회와 성도들은 어떻게 해야겠습니까? 교회 밖에서 죽어가는 영혼들에게 우리의 관심을 두어야 하지 않겠습니까?

이제 눈을 돌려 교회 밖을 바라보기 바랍니다. 교회 밖에는 아직도 죽어가는 영혼들이 너무나 많습니다. 그들 때문에 하나님은 여전히 슬퍼하십니다. 우리는 죄인을 떠나 죄를 짓는 자가 아니라 죄를 떠나 죄인을 사랑하는 자가 되어야 할 것입니다.

3장 _ 약자를 살리기 원하시는 하나님

이 땅에 고통은 왜 존재하는가?

　세상에는 가난하고 병든 자들이 많이 있습니다. 아프리카에서는 수많은 사람들이 매일 가난과 질병으로 죽음을 맞고 있습니다. 또 아프리카처럼 낙후한 곳이 아니더라도 빈곤과 질병 때문에 어려움을 겪는 사람들은 어디에나 존재합니다. 어떤 사람은 태어나면서부터 스스로의 힘으로는 어찌할 수 없는 고통을 당하며 사는가 하면, 또 어떤 사람은 평생 다 누리지 못할 정도로 많은 것을 가지고 태어나기도 합니다. 이것이 엄연한 현실입니다. 이럴 때 사람들은 대개 '운명'이라는 말을 많이 합니다.

　실제로 어떤 종교에서는 가난한 자, 병든 자, 사회적으로 소외된 자들은 그렇게 사는 것이 신의 뜻이라고 생각합니다. 가난한 자가 가난하게 사는 것은 신의 뜻이므로 계속 가난하게 살도록 놔두는 것이 신에게 순종하는 길이라고 주장합니다. 이들에게는 가난에서 벗어나려는 모든 시도들이 신의 뜻에 위배되는 행동인 것입니다. 또한 병든 자가 고통 가운데 사는 것도 신의 뜻이기에 병자는 고통스럽게 살아야 하며, 누구를 원망해서도 안 된다고 합니다.

여러분은 어떻게 생각합니까? 사회적 약자들이 그렇게 사는 것이 하나님의 뜻이라고 생각합니까? 또한 부자가 부자로 사는 것, 가난한 사람이 가난하게 사는 것이 하나님의 뜻이라고 생각합니까?

만일 정말로 이런 것들이 하나님의 뜻이라면 부자들은 참 행복해할 것 같습니다. 자신들이 부자로 사는 것이 신의 뜻이기 때문에 사회적 책임을 느끼지 않아도 되기 때문입니다. 그러나 이런 것이 정말 하나님이 원하시는 세상의 모습일까요?

사람들은 종종 세상을 약육강식이라는 말로 표현합니다. 강한 자가 자신들에게 유리한 규칙을 정하고 약한 자를 약탈하며 살아가는 것이 세상의 일반적인 모습이기 때문입니다. 그러나 하나님은 이런 세상을 원하지 않으십니다. 오히려 강하기 때문에 약한 사람들을 보호하는 세상, 부자이기 때문에 가난한 자들을 돕는 세상을 원하십니다. 한마디로 강한 자와 약한 자, 부한 자와 빈곤한 자 모두가 더불어 행복하게 사는 세상을 원하시는 것입니다.

유치원생 어린아이와 다 큰 성인이 먹을 것을 사이에 놓고 서로 먹겠다고 싸우고 있는 모습을 상상해봅시다. 만약 성인이 어린아이를 때리고 먹을 것을 차지했다면, 여러분은 어떻게 반응하겠습니까? 정상적인 경우라면 당연히 어른이 양보해야 합니다. 어른은 어린아이를 짓누르는 존재가 아니라 보살피고 섬겨야 하는 존재이기 때문입니다.

이처럼 우리 하나님은 강한 자로 하여금 약한 자를 돌보게 하십니다. 비록 우리가 사는 세상은 똑똑한 사람, 부유한 사람, 권세 있는 사람에게 유리한 세상이지만, 하나님은 세상의 모든 사람들이 더불어 행복하게 잘 사는 세상을 원하십니다.

하나님께서 약자들이 고통 받지 않는 세상을 원하신다면, 이 세상에 현존하는 질병과 가난의 문제는 어떻게 설명해야 할까요? 예수님을 잘 믿는 그리스도인들조차 오랫동안 가난과 질병에 시달리다 보면 '이것이 하나님의 뜻일지도 몰라'라는 생각을 하곤 합니다. 많은 성도들이 이 문제에서 의구심을 가지고 있습니다.

고통은 죄악의 결과

예수님이 태어나실 때, 헤롯 왕은 아기 예수님을 죽이려고 두 살 아래의 아이들을 다 죽였습니다. 하나님의 뜻이라서 그 아이들이 죽임을 당한 것인가요? 절대 그렇지 않습니다. 그러면 예수님이 이 땅에 오셨기 때문에 아이들이 죽은 것입니까? 아닙니다. 물론 죽은 아이들이나 그 아이들의 부모의 죄악 때문에 죽은 것도 아닙니다.

이 아이들은 헤롯이 왕위를 지키려는 욕심으로부터 생긴 죄악 때문에 죽은 것입니다. 현존하는 질병과 가난, 저주가 이와 같은 것입니다. 하나님이 원하셔서 혹은 하나님의 뜻이어서 이런 고통들이 생긴 것이 아니라, 인간의 죄악이 이 땅에 들어옴으로써 생겨난 죽음의 징조 가운데 하나인 것입니다.

아담에게 이르시되 네가 네 아내의 말을 듣고 내가 네게 먹지 말라 한 나무의 열매를 먹었은즉 땅은 너로 말미암아 저주를 받고 너는 네 평생에 수고하여야 그 소산을 먹으리라 땅이 네게 가시덤불과 엉겅퀴를 낼 것이라 네가 먹을 것은 밭의 채소인즉 네가 흙으로 돌아갈 때까지 얼굴에 땀을 흘려야 먹을 것을 먹으리니 네 가 그것에서 취함을 입었음이라 너는 흙이니 흙으로 돌아갈 것이니라 하시니라 (창 3:17-19).

이 말씀에 의하면 아담의 범죄 이후에 '가난'과 '죽음'의 두 가지 저주가 나타납니다. "땅은 너로 말미암아 저주를 받고"라는 말씀에서 보듯이, 땅이 저주를 받은 원인이 아담의 죄악이라는 것을 직접적으로 나타내고 있습니다.

현대의 정치·경제학자들은 가난의 근본적인 이유에 대해서 자본주의, 제국주의 등을 거론하고 있습니다. 그러나 원인이 무엇이든 간에 그 근본에는 인간의 탐욕과 죄악이 있습니다.

이 세상에는 어떻게 해서든 다른 사람보다 더 많이 갖고, 다른 사람을 지배하고자 하는 탐욕과 죄악이 있습니다. 누군가 남들보다 더 많이 갖게 된다면 그만큼 누군가는 적게 가질 수밖에 없습니다. 또 누군가 다른 사람을 지배하게 된다면 마찬가지로 다른 누군가는 그의 지배 아래 놓이게 되는 것입니다.

하나님이 창조하신 세상은 이런 세상이 아닙니다. 하나님은 세상을 창조하시며 이렇게 말씀하셨습니다.

"보시기에 좋았더라."

이것이 바로 이 세상을 향한 하나님의 뜻입니다. 가난과 질병의 저주는 하나님 뜻이 아닙니다. 그것은 죄의 결과인 것입니다.

예수님이 오셨는데 왜 여전히 고통이 존재하는가?

인간의 죄악으로 인해 저주 받은 이 땅에 예수님이 오셨습니다. 예수님이 오셔서 모든 죄악의 저주를 끊고 가난과 질병의 문제도 해결하셨습니다. 그러나 예수님의 십자가 사건 이후에도 세상은 여전히 질병과 고통으로 신음하고 있습니다. 왜 그럴까요? 말씀대로라면 예수님을 통해서 우리가 모든 복을 누리며 살아야 하는데, 현실과는 조금 차이가 있는 것 같습니다. 이런 차이는 어떻게 설명할 수 있습니까? 많은 성도들이 이 부분에 대해 의구심을 가지고 있습니다.

우리는 먼저 우리가 살고 있는 세상이 아직 사탄의 다스림 아래 있다는 사실을 알아야 합니다. 아담과 하와의 범죄로 죄가 세상에 들어온 이후, 사탄이 세상의 공중권세를 잡게 되었습니다. 그리고 그 영향은 우리가 결코 무시할 만한 수준이 아닙니다. 사탄의 영향력은 이 땅에 끊임없이 죄악과 저주와 질병을 가져다주고 있습니다.

실제로 세상에는 예수님을 영접하고 하나님의 뜻대로 살아가고자 하는 사람보다 예수님을 알지 못하고 죄의 영향을 받으며 사는 사람이 훨씬 많습니다. 사탄과 죄악의 영향력은 하나님의 통치가 온전히 이루어지지 않도록 방해하고 있으며, 하나님의 백성에게까지 그 영향력을 행사하고자 호시탐탐 기회를 노리며 공격하고 있습니다.

'간접흡연'이라는 말이 있습니다. 간접흡연은 내가 직접 담배를 피우지 않아도 옆에서 다른 사람이 피우는 담배 연기를 같이 마시게 되는 것을 말합니다. 간접흡연을 하면 비흡연자도 흡연자처럼 건강을 해칠 수 있습니다.

죄악도 이와 마찬가지입니다. 이미 예수님을 영접한 그리스도인은 예수님을 믿음으로 죄악의 사슬을 끊은 존재입니다. 그러나 이 세상은 죄악에 의해 구조화되었기 때문에 간접흡연의 예처럼 계속해서 죄의 영향을 받게 되는 것입니다. 그것이 예수님이 오신 이후에도 여전히 이 땅에 가난과 질병이 존재하는 이유입니다.

권세를 주신 주님, 권세를 사용해야 하는 성도

예수님이 가난과 질병의 저주를 이미 짊어지시고 해결하셨음에도 불구하고 현실적으로 여전히 가난과 질병의 저주가 존재한다면, 예수님이 모든 저주를 짊어지신 것이 과연 어떤 의미가 있는지에 대해 의문이 생길 수 있습니다. 그에 대한 실마리는 하나님이 예수님의 피 흘리심으로 말미암아 그리스도인들에게 죄악의 저주인 가난과 질병을 이길 권세를 주셨다는 것에서 찾을 수 있습니다.

베드로가 이르되 은과 금은 내게 없거니와 내게 있는 이것을 네게 주노니 나사렛 예수 그리스도의 이름으로 일어나 걸으라 하고 오른손을 잡아 일으키니 발과 발목이 곧 힘을 얻고 뛰어 서서 걸으며 그들과 함께 성전으로 들어가면서 걷기도 하고 뛰기도 하며 하나님을 찬송하니(행 3:6-8).

이 말씀은 오순절 날 이후에 성전 미문에 앉아 구걸하던 앉은뱅이를 베드로가 고쳐준 이야기입니다. 여기에 우리가 기억해야 할 두 가지 사실이 있습니다.

첫째는, 예수님은 분명히 죄악의 저주인 가난과 질병을 이길 권세를 주셨다는 것입니다. 이것은 2천 년 전에도 있었고 지금도 성도인 우리가 사용할 수 있는 권세입니다.

둘째는, 그럼에도 불구하고 죄악의 저주가 우리 가운데 여전히 있다는 사실입니다. 예수님이 모든 죄악의 저주를 해결해주셨지만 세상의 모든 저주가 한순간에 자연적으로 풀어진 것은 아닙니다. 베드로가 앉은뱅이에게 예수님의 이름으로 선포하며 기도했던 것처럼 무언가를 해야 하는 것입니다. 결국 이것은 성도들이 죄악의 저주를 몰아내는 데 일정한 역할을 담당해야 한다는 것을 말해줍니다.

그 방법에는 두 가지가 있습니다. 하나는 베드로처럼 성령님과 동행하는 성도의 기도를 통해 할 수 있습니다. 성령의 능력과 권세로 저주를 물리치는 것입니다. 또 다른 하나는 앞으로 자세히 다루겠지만, 하나님의 마음을 아는 성도의 사랑과 헌신으로 할 수 있습니다. 이것은 능력이 있건 없건 상관없이 하나님의 마음을 아는 자라면 누구나 사용할 수 있는 방법입니다. 그러기 위해서는 먼저 하나님의 마음을 알아야겠지요. 이제 이 땅에서 여전히 고통 받고 있는 이들을 향해 하나님이 어떤 마음을 가지고 계시는지 자세히 살펴보도록 하겠습니다.

고아와 과부와 나그네의 하나님

우리가 사는 세상은 사회적 약자 계층들을 중요하게 생각하지 않습니다. 그러나 우리 하나님은 약자들을 무척 소중하게 여기십니다. 특별히 성경에 언급된 고아와 과부와 나그네는 하나님이 큰 관심을 가지고 계신 대상입니다.

그중 고아와 과부는 남성 중심으로 경제활동이 이루어지던 시대에 경제적 활동을 할 수 없는 사람들이었습니다. 결국 그들은 먹고 사는 기본적인 생존의 문제에서도 큰 어려움을 겪을 수밖에 없었고, 누군가 도움을 주지 않으면 생존 자체가 어려웠습니다. 게다가 누군가 악한 마음을 품고 괴롭힌다면 힘없이 당할 수밖에 없는 약자들이었습니다.

그래서 하나님은 "그들의 경제적 어려움을 모른 척하지 말고, 억울한 일을 당하지 않게 하며, 억울한 일을 당했을 때 모른 척하지 말라"고 반복적으로 강조하셨습니다. 하나님은 율법 곳곳에 약자들에 대한 배려를 기록해두셨고, 여러 선지자들을 통해 이스라엘 백성들이 그들에 대한 의무를 저버린 것을 책망하시며, 심판의 근거로 삼기도 하셨습니다.

그뿐만 아니라 하나님은 자신을 '소외당하는 사람들의 하나님' 이라고 말씀하셨습니다. 시편 68편 5절에는 "하나님은 고아의 아버지시며 과부의 재판장이시라"는 표현이 사용되었고, 출애굽기 22장 22-23절에서는 "너는 과부나 고아를 해롭게 하지 말라 네가 만일 그들을 해롭게 하므로 그들이 내게 부르짖으면 내가 반드시 그 부르짖음을 들으리라"고 말씀하셨습니다. 하나님이 직접 그들을 돌보시며 그들의 억울함을 풀어주시겠다는 말씀입니다. 사회적 약자들을 힘들게 하고, 고통스럽게 하는 것은 하나님의 뜻이 아니라는 것입니다. 하나님은 사회적 약자들이 보호받으며 행복하게 살기를 원하십니다.

고아와 과부뿐만 아니라 나그네도 하나님이 돌보시는 사회적 약자였습니다. 당시에는 부족 공동체로 모여 사는 경우가 많았는데, 나그네와 같이 그 공동체를 떠난 사람은 다른 부족으로부터 자신의 안전을 지키는 것이 어려웠고, 고아나 과부와 마찬가지로 경제적 기반이 없었습니다. 따라서 나그네들 역시 누군가의 도움을 받아야만 생존이 가능했습니다. 그래서 하나님은 하나님의 백성들에게 나그네를 잘 대접하고 돌봐줄 것을 말씀하신 것입니다.

이밖에도 성경에는 약자들을 위한 규정과 말씀들이 많이 있습니다. 하나님은 안식년이 일곱 번 돌아온 다음 해를 '희년'으로 정하셨는데, 이때는 모든 빚을 탕감하도록 하셔서 사회적 약자들이 빚의 짐에서 벗어나게 하셨습니다. 그리고 가난한 자들에게 돈을 빌려줄 때 "맷돌이나 그 위짝을 전당 잡지 말라"(신 24:6)고 명하셨는데, 맷돌은 음식을 만들 때 쓰는 가장 중요한 도구 중 하나였기 때문입니다. 이웃의 옷을 전당 잡거든 해가 지기 전에 돌려보내도록 했고(출 22:26), 가난한 자들의 일한 품삯을 늦게 주지 말라고 하심으로 그들이 굶주리지 않게 하셨습니다. 그러면서 만일 이러한 하나님의 명령을 거역하여 약자들이 하나님께 호소하면 하나님이 그 죄를 물을 것이라고 경고하셨습니다.

곤궁하고 빈한한 품꾼은 너희 형제든지 네 땅 성문 안에 우거하는 객이든지 그를 학대하지 말며 그 품삯을 당일에 주고 해 진 후까지 미루지 말라 이는 그가 가난하므로 그 품삯을 간절히 바람이라 그가 너를 여호와께 호소하지 않게 하라 그렇지 않으면 그것이 네게 죄가 될 것임이라(신 24:14-15).

이처럼 하나님은 이 세상을 약육강식의 사회로 만들고자 하지 않으셨습니다. 오히려 강한 자들이 약한 자를 도와주고 그들이 억울하지 않게 보호하시는 것, 그것이 하나님이 원하시는 세상의 모습이었습니다.

재산권 vs 생존권

성경은 분명히 각자의 재산권을 인정하고 있습니다. 그래서 누군가 타인의 재산권에 손해를 입혔다면 이를 보상해주도록 하였습니다. 그러나 성경에서 재산권보다 더 앞서는 권한이 있습니다. 그것은 사람이 생존할 수 있도록 보장하는 생존권입니다.

예를 들어보겠습니다. 한 부자가 가난한 농부에게 돈을 빌려주었습니다. 그런데 가난한 농부가 미처 돈을 갚지 못했습니다. 그래서 부자는 담보로 농부의 집에 있는 맷돌을 전당 잡았습니다. 그런데 문제는 맷돌이 없으면 더 이상 음식을 만들지 못해 결국 먹고 사는 데 큰 어려움이 생기게 된다는 것입니다. 또는 겉옷을 담보물로 잡혔는데 그것은 하나밖에 없는 겉옷이었습니다. 이스라엘에서 겉옷은 낮의 열기와 밤의 냉기를 피하기 위한 필수품입니다. 겉옷이 없으면 큰 고통을 당하게 됩니다.

이럴 때 성경은 어떤 결론을 내릴까요? 부자들에게 자신의 재산권을 포기하고, 가난한 자들의 생존권을 지켜주라고 명령합니다. 부를 축적하는 것보다 생명을 지켜주는 것이 더 우선되는 일임을 가르쳐주는 것입니다.

오늘날 이 땅에 사는 많은 사람들은 다른 사람의 생존권보다 자신의 재산권을 더욱 중요하게 생각합니다. 자신의 재산을 늘리기 위해서라면 타인의 생존권이 위협 받아도 눈 하나 꿈쩍하지 않습니다. 얼마 안 되는 돈을 위해 사람을 죽이고 심지어 자신의 가족들까지 해치는 사례도 있습니다. 비단 세상 사람들뿐만 아니라 하나님의 백성들 중에도 타인의 생존권보다 자신의 재산권을 중시 여기는 사람들이 많습니다.

질문을 하나 드리겠습니다. 여러분이 교통사고를 내서 누군가에게 상해를 입혔다면, 가장 먼저 무엇이 걱정되겠습니까? 상대방이 얼마나 다쳤는지가 걱정되겠습니까? 아니면 치료비가 얼마나 나올지가 걱정되겠습니까? 아마도 치료비를 먼저 걱정하는 분들이 적지 않을 것입니다.

이처럼 우리가 사는 세상은 사람보다 돈이 우선되는 경우가 많습니다. 그래서 성도들도 자연스럽게 돈을 먼저 생각하는 경우가 많습니다. 하지만 하나님의 백성이라면 돈보다는 생명을 더 중요하게 생각해야 할 것입니다.

물론 재산권도 중요합니다. 하지만 재산권이 누군가의 생명과 직결되는 생존권보다 중요하지는 않습니다. 하나님은 죄인들을 살리시기 위해 그 귀하신 독생자 예수님을 희생시키셨습니다. 생명을 살리는 것은 그만큼 중요한 일입니다. 하나님은 성경에서 생존권을 지켜주기 위해서라면 자신의 재산권이라도 포기하라고 말씀하십니다. 약자를 살리는 것, 이것이 하나님의 마음이고 하나님의 관심사입니다.

하나님은 개인이 잘 사는 것이 아니라 온 세상이 함께 잘 사는 것을 원하십니다. 물론 하나님께서는 성도의 노력을 귀하게 보십니다. 그리고 그 노력으로 얻은 결과에 대해서 분명히 인정해주십니다. 하지만 그 노력의 결과가 개인을 위해서만 사용되기를 원하지 않으십니다. 그것이 귀하다는 것을 아시지만 귀한 만큼 온 세상이 더불어 잘 살기 위해 사용되기를 원하십니다.

한 알의 밀알은 땅에 심겨져서 많은 열매를 맺습니다. 이처럼 예수님도 우리를 살리시기 위해 한 알의 밀알처럼 희생하셨고, 그 결과 우리 모두가 풍성한 생명을 누리게 되었습니다. 그리고 예수님은 "내가 너희를 사랑한 것같이 너희도 서로 사랑하라"(요 13:34)고 말씀하십니다. 이것이 생명의 법칙입니다.

우리의 노력으로 얻은 재물도 하나의 밀알과 같은 역할을 담당해야 합니다. 우리가 땀 흘려 모은 재물이니 얼마나 귀하겠습니까? 하지만 그 귀한 재물이 더욱 귀하게 되려면 생존에 위협 받는 사람들을 위해 하나의 밀알로 사용되어야 합니다. 사람의 논리로 보면 손해처럼 여겨지지만, 하늘나라의 논리로 보면 온 세상이 함께 잘 살아가는 생명의 역사가 될 것입니다.

약자와 함께하시는 하나님

하나님은 고아와 과부와 나그네와 같은 사회적 약자들을 특별히 사랑하시며, 하나님의 백성들에게 그들을 향한 특별한 배려와 사랑을 베풀 것을 명령하십니다. 그러나 연약한 자들을 향한 하나님의 사랑은 단지 남다른 애정에 머물러 있지 않습니다. 이를 훨씬 초월하여 하나님은 하나님 자신과 약자들을 동일시하십니다.

이 같은 내용이 마태복음 25장 31-46절에 잘 나타나 있습니다. 이 말씀에서 보면, 예수님은 마지막 날 모든 민족을 모으시고 의인과 악인을 구분하십니다. 그리고 의인으로 구분된 자들에게 하나님이 예비하신 나라를 상속받을 것을 말씀하시며 이렇게 말씀하십니다.

내가 주릴 때에 너희가 먹을 것을 주었고 목마를 때에 마시게 하였고 나그네 되었을 때에 영접하였고 헐벗었을 때에 옷을 입혔고 병들었을 때에 돌보았고 옥에 갇혔을 때에 와서 보았느니라(마 25:35-36).

그러나 의인들은 어리둥절합니다. 자신들이 주님을 그렇게 섬긴 적이 없었기 때문입니다. 의인들이 예수님께 "저희들이 언제 주님을 이렇게 섬겼습니까?"라고 반문하자 예수님은 이렇게 말씀하십니다.

"내가 진실로 너희에게 이르노니 너희가 여기 내 형제 중에 지극히 작은 자 하나에게 한 것이 곧 내게 한 것이니라"(마 25:40).

또한 예수님은 악인들을 향해 "너희들은 내가 힘들 때 보고도 도와주지 않았다"라고 책망하십니다. 악인들이 작은 자 하나에게 하지 않은 것이 예수님께 하지 않은 것과 동일하다고 하신 것입니다.

이처럼 예수님은 지극히 작은 자와 자신을 동일시하시며, 사회적 약자들을 섬기는 것이 바로 예수님을 섬기는 것임을 가르쳐주십니다. 따라서 우리가 이 땅의 약자들을 섬기는 것은 선택사항이 아닙니다. 우리가 예수님을 섬기는 것이 당연한 것처럼, 그들을 섬기는 것 역시 지극히 당연한 의무입니다.

그렇다면 하나님은 왜 그렇게 사회적 약자들을 소중히 여기시는 것일까요? 한마디로 그들은 자신들의 힘으로는 살아갈 수 없는 존재이기 때문입니다. 자기 힘으로 이 험한 세상을 살아갈 수 없기에 생명을 살리기 원하시는 하나님은 누군가의 도움으로 그들의 생명이 연장되게 하신 것입니다.

더불어 잘 사는 세상

우리가 사는 세상은 어떤 세상입니까? 강자들이 약자들을 돕는 게 아니라 약자들의 것을 빼앗습니다. 부자들은 자신의 부를 위해서 가난한 자의 마지막 남은 것까지 빼앗습니다. 자신의 재산권을 위해서라면 다른 사람의 생존권도 무시합니다.

우리 성도들은 어떻습니까? 안타까운 현실이지만 크게 다르지 않습니다. 할 수만 있으면 강해지려 하고 부해지려고 합니다. 그리고 그것을 이루기 위해서 세상 사람들과 별로 다르지 않은 방법들을 사용하기도 합니다. 그것이 세상의 당연한 논리요 가르침입니다. 자신의 이익을 위해서라면 약한 자의 희생은 당연하다는 것입니다. 하지만 성경은 약한 자를 살리기 위해 자신의 희생을 감수하라고 가르칩니다. 많은 성도들이 이런 점에서 가치관의 혼란을 겪습니다.

하나님의 백성들은 이 사실을 반드시 기억해야 합니다. 하나님은 지극히 작은 자 하나라도 가볍게 여기지 않으신다는 것입니다. 작은 생명도 죽지 않고 살기를 원하십니다. 죄악 가운데 죽어 있는 영혼을 살리기 원하셨던 것처럼 하나님은 소외당한 사람, 가난한 사람, 약한 사람 모두를 살리기 원하십니다.

따라서 하나님의 백성들은 사회적 약자들을 향해 특별한 관심을 가져야 합니다. 때로는 자신의 재산권을 포기하더라도 그들의 생존권을 지켜주어야 합니다. 왜냐하면 그들의 생명을 살리는 것, 그리고 더불어 잘 사는 것이 하나님의 소원이기 때문입니다.

우리의 하나님, 우리의 아버지 3부

왕의 마음이 심히 아파 문 위층으로 올라가서 우니라 그가 올라갈 때에 말하기를 내 아들 압살롬아 내 아들 내 아들 압살롬아 차라리 내가 너를 대신하여 죽었더면, 압살롬 내 아들아 내 아들아 하였더라(삼하 18:33).

God's Desire

1장 _ 아버지, 하나님

하나님은 왜 인간을 사랑하시는가?

하나님이 원하시는 것은 생명을 살리는 것입니다. 그 때문에 예수님이 이 땅에서 우리를 위해 희생하신 것입니다. 그런데 여기서 한 가지 의문점이 생깁니다. 하나님은 창조주이며 전능하신 신(神)입니다. 신(神)이 무엇이 아쉬워서 피조물이며 죄인에 불과한 인간을 위해 그토록 큰 희생을 하신 것일까요? 이것을 곰곰이 생각해보면 이해하기 힘든 부분이 있습니다.

지금이 미술시간이라고 상상해봅시다. 여러분이 정성스럽게 점토로 무엇인가를 만들고 있습니다. 정말 열심히 만들었습니다. 그런데 다 만들고 났더니 작품이 마음에 안 듭니다. 그럴 때 조금 아쉬울지는 몰라도 그냥 새로 다시 만든다고 해도 그것이 문제가 되지는 않습니다. 우리가 아무리 공을 들이고 정성을 들였다 할지라도 그것은 점토일 뿐입니다.

　창조주 하나님이 사람을 만드셨지만, 사람이 스스로 죄를 짓고 하나님으로부터 분리되었습니다. 이런 상황에서 여러분이 하나님이라고 상상해보십시오. 미술시간에 만들던 점토처럼 그냥 인간을 심판하고 멸한 뒤에 다시 만들면 되지 않겠습니까? 게다가 타락의 이유가 하나님처럼 되려고 했다는 점을 생각하면 절대 용서할 수 있는 상황이 아닙니다. 오히려 더욱 화가 나는 상황입니다.

　뱀이 여자에게 이르되 너희가 결코 죽지 아니하리라 너희가 그것을 먹는 날에는 너희 눈이 밝아져 하나님과 같이 되어 선악을 알 줄 하나님이 아심이니라(창 3:4-5).

　그런데도 하나님은 예수님을 보내셔서 인간을 위해 희생하게 하셨으며, 생명의 길을 만들어주셨습니다. 이것은 절대로 상식적으로 이해할 수 없는 것입니다. 그런데 이것이 가능한 이유에 대해서 성경은 '사랑'이라고 말합니다.

　하나님이 세상을 이처럼 사랑하사 독생자를 주셨으니 이는 그를 믿는 자마다 멸망하지 않고 영생을 얻게 하려 하심이라(요 3:16).

　사랑이 아니고서는 이와 같은 희생을 설명할 길이 없습니다. 하지만 또 한 가지 의문점이 있습니다. 예수님의 희생을 설명하기에 '사랑'만으로는 무엇인가 아쉬움이 남기 때문입니다. 하나님은 왜 그런 희생을 감수하시면서까지 인간을 사랑하셨을까요? 도대체 인간이 무엇이기에 그토록 사랑하셨습니까? 그리고 하나님은 어떤 분이신가요?

우리의 아버지, 하나님

다윗도 이 질문과 비슷한 질문을 했습니다.

사람이 무엇이기에 주께서 그를 생각하시며 인자가 무엇이기에 주께서 그를 돌보시나이까(시 8:4).

시편 8편에서 다윗은 천지를 창조하신 전능하신 하나님께서 보잘 것 없는 인간을 돌보시는 것에 대한 놀라움과 그에 대한 감사를 표현했습니다. 하나님의 독생자 예수 그리스도께서 인간을 위해 희생하신 일을 알았다면 아마도 다윗의 놀라움과 감사는 훨씬 더했을 것입니다.

그런데 다윗이 감사를 표현하기 위해서 했던 질문, 즉 "사람이 무엇입니까?", "인자가 무엇입니까?"에 대한 대답을 예수님이 가르쳐주셨습니다.

그러므로 너희는 이렇게 기도하라 하늘에 계신 우리 아버지여 이름이 거룩히 여김을 받으시오며(마 6:9).

주기도문은 예수님이 우리에게 직접 가르쳐주신 기도입니다. 이 주기도문의 시작 부분에서 예수님은 우리에게 천지를 창조하신 하나님을 '아버지'라고 부르라고 가르쳐주셨습니다. 이것은 하나님과 인간의 관계가 '아버지와 자녀' 관계라는 것을 의미합니다.

구약에서도 신명기나 시편이나 몇몇의 예언서에서 하나님을 아버지라고 인식하는 부분이 종종 나타나고 있습니다. 하지만 그때는 그것이 하나님을 부르는 일반적인 표현도 아니었고, 하나님에 대한 일반적인 인식도 아니었습니다.

그러나 예수님의 가르침으로 인해 제자들은 하나님을 엄위하신 창조주가 아니라 친근하신 아버지로 인식하게 되었습니다. 그리고 이후의 거의 모든 서신서에서 하나님은 친근한 아버지로 소개됩니다.

너희가 아들이므로 하나님이 그 아들의 영을 우리 마음 가운데 보내사 아빠 아버지라 부르게 하셨느니라 그러므로 네가 이 후로는 종이 아니요 아들이니 아들이면 하나님으로 말미암아 유업을 받을 자니라(갈 4:6-7).

그 덕분에 우리는 쉽고 자연스럽게 하나님을 '아버지'라고 부르고 있습니다. 하지만 쉽게 부르고 지나치는 이 말 속에 모든 비밀이 숨겨져 있습니다. 이제 논의의 시작은 바로 '아버지'라는 단어에서 시작됩니다.

부모의 마음

"사람이 무엇이기에 주께서 그를 생각하시며 인자가 무엇이기에 그를 돌보시나이까?"

다윗의 질문에 예수님이 답하십니다.

"너희는 하나님의 자녀이다."

"사람이 무엇이기에 예수님이 그와 같은 희생을 하셨습니까?"

예수님이 답하십니다.

"너희는 하나님의 자녀이다."

그렇다면 이러한 '아버지와 자녀'의 관계는 하나님을 믿는 사람에게만 해당되는 것일까요? 많은 사람들이 그렇다고 생각합니다. 하지만 이것은 단지 하나님을 믿는 사람에게만 해당되는 것이 아닙니다.

예전에 유대인들도 이와 비슷한 오해를 한 적이 있습니다. 유대인들은 하나님이 자기들만을 선택하셨다고 생각했습니다. 그래서 이스라엘 외에 다른 민족은 구원 받을 수 없는 자들로 여겼습니다.

물론 하나님이 이스라엘을 먼저 선택하신 것은 맞지만, 그것이 이스라엘만 구원하시고 다른 모든 민족은 버리기로 계획하신 것은 아니었습니다. 이스라엘 민족을 통해 다른 모든 민족을 구원하시려는 것이 하나님의 뜻이었습니다.

만일 이스라엘만의 하나님이라고 주장하려면, 그들은 '세상의 모든 사람을 창조하신 하나님'이라는 믿음을 버려야 할 것입니다. 하나님이 이스라엘만 지키시고 구원하시는 분이라면 하나님은 인류의 창조주가 아니라 단지 이스라엘의 수호신에 불과할 것이기 때문입니다. 아니면 하나님이 세상 모든 사람들을 창조하셨다고 하면서 유대인만 선택하여 구원하신다면, 그런 하나님이 공의로우신 하나님이겠습니까?

따라서 유대인들의 그와 같은 생각은 잘못된 것이었습니다. 하나님이 온 세상을 창조하시고 모든 인간을 창조하신 분이시라면, 유대인이든 이방인이든, 믿는 자이든 믿지 않는 자이든 상관없이 모두 하나님의 자녀인 것입니다.

게다가 예수님의 관심사는 오히려 죄인들에게 있었습니다. 만약 믿는 사람들만 하나님의 자녀라고 한다면 예수님은 죄인들에게 관심을 갖지 않으셨을 것입니다. 그러므로 하나님을 알지 못하고 하나님은 없다고 주장하는 사람들에게도 하나님은 아버지이십니다. 그들에게도 아버지와 자녀관계가 적용되는 것입니다.

그렇기 때문에 하나님 아버지께서는 하나님을 믿지 않고 죽어가는 자들의 생명도 간절히 살리기 원하시는 것입니다. 그들이 하나님 아버지의 자녀이기 때문입니다. 자녀들은 부모를 모른다고 외면하거나 심지어 자신과 상관없다고 거부할 수도 있습니다. 하지만 그럴수록 자녀를 향한 부모의 마음은 더 안타깝기 마련입니다. 그래서 하나님은 하나님을 알지 못한 채 죄악 가운데서 죽어가는 영혼들을 더욱 안타까

위하시는 것입니다.

우리는 위기의 순간에서 자녀의 목숨을 구하기 위해 자신의 목숨을 버린 부모의 희생 이야기를 어렵지 않게 듣습니다. 그리고 많은 사람들이 그 같은 부모의 희생과 그 마음에 대해서 공감하고 이해합니다. 왜냐하면 다른 부모들 역시 동일한 상황이라면 동일하게 행동했을 것이기 때문입니다. 그런 일은 특별한 사람들만의 특별한 경우가 아닙니다. 자신의 목숨은 버릴지라도 자녀의 목숨을 구하고자 하는 것이 모든 부모의 마음이기 때문입니다.

하나님도 이처럼 우리 인간을 자녀로 생각하셨기 때문에 그렇게 사랑하고 희생하셨던 것입니다. 이런 하나님 아버지의 마음을 안다면 하늘의 높은 보좌에서 낮고 천한 이 땅에 오셔서 죄인인 인간을 위해 자신의 피를 흘리신 예수님의 희생과 사랑도 이해할 수 있을 것입니다.

압살롬을 슬퍼한 다윗

다윗에게는 많은 아들들이 있었습니다. 그중에서도 압살롬은 다윗의 여러 아들들 가운데 가장 뛰어났고 용모도 출중했습니다. 많은 사람들이 압살롬을 따랐습니다. 그러다 결국 압살롬이 반역을 일으키고 아버지인 다윗을 죽이려고 했습니다. 압살롬이 그를 따르는 무리들을 거느리고 예루살렘에 입성하자, 다윗은 황급히 예루살렘을 떠나 도망쳤습니다. 이후에 다윗은 군대를 재정비하여 압살롬과의 전투에서 승리했습니다.

그 과정에서 다윗은 군대장관인 요압에게 "압살롬을 죽이지 말라" 고 부탁했습니다. 비록 압살롬이 반역을 일으켰지만 그럼에도 불구하고 다윗은 압살롬의 생명을 보전하기 원했습니다. 그러나 결국 요압은 다윗의 부탁을 저버리고 반역자 압살롬을 처형했습니다.

왕이 요압과 아비새와 잇대에게 명령하여 이르되 나를 위하여 젊은 압살롬을 너그러이 대우하라 하니 왕이 압살롬을 위하여 모든 군지휘관에게 명령할 때에 백성들이 다 들으니라(삼하 18:5).

역사에서 보면 반역은 항상 가장 무거운 죄로 다뤄졌습니다. 우리 나라 역사에서도 역모에 관련되면 집안이 풍비박산(風飛雹散) 날 정도로 엄하게 다뤄졌습니다. 그리고 그런 이야기를 사극이나 여러 자료를 통해 쉽게 접해서인지 반역자인 압살롬이 처형당했다는 것이 지극히 당연한 이야기로 들립니다.

"권력은 자식과도 나누지 않는다"는 말이 있습니다. 이것은 권력의 현실적인 속성을 그대로 나타내는 말입니다. 권력을 다툴 정도로 세력화 되었다면 권력은 자신만의 것이 아닙니다. 또한 자신의 목숨도 자신만의 것이 아닙니다. 따라서 개인적인 이유로 반역자를 살리고 싶다 할지라도 자신의 뜻대로만 할 수 있는 것이 아닌 것입니다.

압살롬이 죽임을 당한 후에 다윗을 따르는 많은 무리들이 승리의 기쁨에 취했습니다. 만약 압살롬이 다윗을 죽이고 반역에 성공했다면 다윗을 따르는 무리의 목숨도 온전치 못했을 것이기 때문입니다. 그래서 압살롬과의 전투는 반드시 승리해야 했고, 압살롬을 반드시 죽여야 했던 것입니다.

'네가 죽느냐, 내가 죽느냐'의 싸움에서 상대방인 압살롬을 죽인 것은 더 이상 말이 필요 없는 기쁨이었습니다. 그런데 다윗의 군대에서 단 한 사람만은 그 기쁨에 동참할 수 없었습니다. 바로 압살롬의 아버지인 다윗입니다.

왕의 마음이 심히 아파 문 위층으로 올라가서 우니라 그가 올라갈 때에 말하기를 내 아들 압살롬아 내 아들 내 아들 압살롬아 차라리 내가 너를 대신하여 죽었더면, 압살롬 내 아들아 내 아들아 하였더라(삼하 18:33).

압살롬은 아버지인 다윗을 향해 칼을 들었을 뿐만 아니라, 많은 이스라엘 사람들이 보는 가운데 아버지 다윗의 후궁을 범하는 죄를 지었습니다. 그럼에도 불구하고 다윗에게 압살롬은 여전히 아들이었습니다.

이와 비슷한 이야기가 있습니다. 옛날에 어떤 흉악한 죄인이 공개처형을 당하게 되었습니다. 그가 사형당하는 것이 부당하다고 생각하는 사람은 하나도 없었습니다. 그런데 무리 중 한 여인이 죄인을 바라보며 차마 소리도 내지 못한 채 눈물을 흘리고 있었습니다. 옆에 있던 사람들이 그 여인에게 화를 내면서 "저 죄인이 죽는 것이 옳지 않다는 뜻이오?"라고 물었습니다. 그리고 그 질문에 대한 답을 곁에 있던 사람이 대신 해주었습니다.

"이 여인은 저 사형수의 어머니입니다."

그러자 흉악한 죄인의 처벌을 슬퍼한다고 따지려던 사람들은 아무 말도 하지 않고 자리를 피해주었다고 합니다.

자식이 아무리 큰 죄를 지었다고 해도 그의 죽음을 슬퍼하는 부모의 마음은 지극히 당연한 것입니다. 세상 사람 누구라도 그 마음을 비난하지 못할 것입니다.

이 세상을 바라보시는 하나님 아버지의 마음이 이와 같으십니다. 인간은 죄를 짓고 정녕 죽을 수밖에 없었습니다. 죽을 수밖에 없는 인간을 보시는 아버지의 마음이 얼마나 슬프시겠습니까? 죽어가는 인간을 바라보시는 아버지의 마음이 압살롬을 보며 통곡하는 다윗의 마음만 못하겠습니까? 오히려 다윗 이상으로 통곡하고 눈물을 흘리실 것입니다. 그래서 아버지이신 하나님은 생명을 살릴 수만 있다면 그 길이 어떤 희생과 고난이 있는 길이라 할지라도 기꺼이 걸어가시는 분입니다. 그리고 그것이 바로 하나님이신 예수 그리스도께서 이 땅에 친히 오셔서 피 흘리신 것으로 나타난 것입니다.

하나님께 '나' 는 어떤 존재입니까?

우리는 흔히 "나 때문에 예수님이 피를 흘리셨다"라는 말을 많이 합니다. 그런데 여기에서 한 가지 의문이 생깁니다. 예수님의 희생은 인류 전체를 위한 것인데 왜 '나'라는 특정인을 위한 것인지 쉽게 이해가 가지 않습니다. '나'라는 개별적 존재와 예수님의 희생 간에는 직접적인 관계가 없어 보입니다. 왜냐하면 내가 이 세상에 존재하지 않았다고 하더라도 예수님은 이 땅에 오셨을 것이기 때문입니다. 하지만 이런 의문에 대한 실마리는 '나'라는 단 하나의 존재가 지니는 의미와 가치에 대해 생각해봄으로써 알 수 있습니다.

구약시대에는 제사가 큰 의미를 지녔습니다. 제사가 중요했기 때문에 제물을 아무것이나 함부로 쓸 수 없었습니다. 항상 깨끗하고 흠이 없는 것으로 제사를 드려야만 했습니다. 그래서 번제로 하나님께 소를 바치려고 하는데, 만약 소에게 흠이 있다면 그런 소는 제사에 사용할 수 없었습니다. 그럴 때는 다른 흠 없는 소를 대신하여 제물로 드렸습니다. 흠만 없다면 꼭 그 소가 아니어도 다른 아무 소나 제물로 쓸 수 있었던 것입니다.

하지만 하나님이 아브라함에게 이삭을 번제로 바치라고 하셨을 때, 이삭이 아닌 다른 누군가로 대신하여 번제로 드릴 수 있었을까요? 아브라함에게는 이삭보다 더 크고 건장한 이스마엘이라는 아들이 있었습니다. 만약 아브라함이 이삭이 아닌 이스마엘이나 다른 누군가로 대신하여 번제를 드리려 했다면 그 제사는 하나님께 별로 의미가 없는 제사였을 것입니다.

예수님은 다메섹으로 향하던 사울을 부르셨습니다. 그때 사울 곁에는 많은 사람들이 동행하고 있었지만, 예수님은 다른 사람들의 응답을 기대한 것이 아니라 오직 사울의 응답을 기대하셨습니다. 하나님이 모세를 부르실 때도 마찬가지였고, 사무엘을 부르실 때도 마찬가지였습니다. 이것은 하나님은 항상 사람과 개별적으로 관계를 맺으시고, 그 개인에 대해 특별한 계획과 생각을 가지고 계시다는 것을 의미합니다.

하나님이 개별적인 한 영혼을 특별하게 생각하시는 이유는 이 세상에는 그 한 영혼을 대체할 만한 다른 존재가 없기 때문입니다. 하나님이 사물과 사람을 다르게 대하신다는 예가 욥기에도 나옵니다.

욥은 동방사람으로 훌륭한 사람이었고 부자였습니다. 욥기 1장에는 그의 재산이 양 7천 마리, 낙타가 3천 마리, 소가 5백 겨리, 그리고 암나귀가 5백 마리나 되었다고 기록합니다.

이후 욥은 하나님이 허락하신 고난을 당하면서 자신의 모든 소유뿐 아니라 자녀들까지 다 잃게 되었습니다. 그러나 그 고난이 끝나고 하나님이 그의 재산을 회복시켜주셨을 때, 욥의 재산은 이전의 두 배가 되었습니다. 그래서 욥기 42장에서 보면 그의 재산이 양이 1만4천 마리, 낙타가 6천 마리, 소가 1천 겨리, 암나귀가 1천 마리가 되었습니다. 산술적으로 정확하게 두 배의 복을 받은 것입니다.

그런데 자녀의 경우에는 조금 다른 계산법이 적용되었습니다. 고난 전의 욥의 자녀는 아들이 7명, 딸이 3명이었습니다. 하지만 고난 중에 10명의 자녀들이 모두 죽고 말았습니다. 그리고 고난이 끝난 후에 하나님께서는 욥에게 다시 아들 7명과 딸 3명을 주셨습니다. 그래서 자녀의 수는 고난 전에도 10명이었고 고난 후에도 10명이었습니다. 조금 이상하지 않습니까? 양 7천 마리를 1만4천 마리로 두 배의 축복을 주셨다면, 자녀도 10명이던 자녀를 20명으로 해주셔야 맞는 계산법 아니겠습니까? 왜 자녀의 복은 다른 재산의 반밖에 안 주셨을까요?

아닙니다. 하나님께서는 두 배의 자녀를 주신 것입니다. 양은 한 마리가 죽고 그 양을 대신해서 두 마리를 주면 두 배를 주는 것이 됩니다. 그런데 사람은 이야기가 조금 다릅니다.

욥의 죽은 10명의 자녀는 죽어서 이 땅에서는 사라졌을지 몰라도 하나님께서는 그 자녀들을 잊지 않고 계신 것입니다. 비록 죽은 자녀들이 이 땅에 존재하지는 않을지라도 영원히 사라지는 존재가 아닌 것입니다. 그래서 죽은 자녀 10명을 포함해서 욥의 자녀는 모두 20명인 것입니다. 따라서 하나님은 자녀도 역시 2배의 축복을 주신 것입니다.

이처럼 하나님 아버지께서는 우리 한 사람 한 사람을 대체할 수 없는 특별한 존재로 생각하고 계십니다. 이러한 하나님의 마음을 잘 보여주는 비유가 있습니다. 마태복음 18장에 나오는 백 마리 양의 비유입니다.

너희 생각에는 어떠하냐 만일 어떤 사람이 양 백 마리가 있는데 그중의 하나가 길을 잃었으면 그 아흔아홉 마리를 산에 두고 가서 길 잃은 양을 찾지 않겠느냐(마 18:12).

이 비유에서 목자는 백 마리의 양을 가지고 있었습니다. 그런데 한 마리의 양을 잃어버리자, 나머지 아흔아홉 마리의 양을 두고 잃어버린 양을 찾아 나섭니다. 목자는 잃어버린 한 마리 양도 결코 포기할 수 없다는 것입니다.

따라서 '나'라는 단 하나의 존재 때문만이라도 예수님은 이 땅에 오셔서 '나'를 위해 피 흘리시고 구원의 길을 열어주셨을 것입니다. 이것은 양 하나를 잃어버린 목자가 그 양을 찾기 위해 나서는 것과 같은 것입니다.

쉬지 않으시는 하나님 아버지

이 땅에는 여전히 예수님이 만들어놓으신 구원의 길에 동참하지 못하는 사람들이 많이 있습니다. 아버지의 마음을 가지신 하나님, 단 한 마리의 양이라도 찾으시려는 하나님 아버지께서 이 땅에 죽어가는 영혼들을 보실 때마다 얼마나 가슴이 아프시겠습니까?

비록 구원 받은 자들이 많을지라도 하나님은 여전히 죽어가는 영혼들로 인하여 탄식하십니다. 이 세상 사람들의 99퍼센트가 구원 받았다 할지라도 하나님은 죽어가는 1퍼센트의 사람을 위해 결코 쉬실 수 없습니다. 아무리 적은 인원이라 할지라도 그 역시 하나님의 자녀이기에, 아버지는 한 영혼도 포기할 수 없는 것입니다.

하나님의 마음을 보여주는 또 다른 성경말씀이 있습니다. 바로 이사야 49장에 나오는 '젖먹이는 여인'의 비유입니다. 하나님은 이 비유에서 인간에게서 찾을 수 있는 가장 숭고한 사랑을 언급하십니다. 바로 젖 먹이는 자녀를 향한 어머니의 사랑입니다.

하나님은 "여인이 자신의 몸으로 난 자녀를 잊어버리고 긍휼히 여기지 않는 일은 없다"고 말씀하시며, 혹 여인이 자기의 자녀를 잊을 수는 있어도 하나님 자신은 결코 이스라엘을 잊지 않으시겠다고 말씀하십니다. 숭고한 어머니의 사랑보다 하나님의 사랑이 더 크고 위대하다는 것을 분명히 말씀해주신 것입니다.

여인이 어찌 그 젖 먹는 자식을 잊겠으며 자기 태에서 난 아들을 긍휼히 여기지 않겠느냐 그들은 혹시 잊을지라도 나는 너를 잊지 아니할 것이라(사 49:15).

오늘날 우리 교회의 모습은 어떻습니까? 한국 교회는 전 세계에서 유례가 없을 정도로 급격한 부흥을 이루었습니다. 한국에는 정말 많은 교회가 있고, 많은 성도들이 있습니다. 그래서인지 요즘에는 많은 교회와 성도들이 예전보다 전도를 소홀히 하는 경향이 생겼습니다. 아흔아홉 마리의 양을 보고 만족하는 매너리즘(mannerism)에 빠진 것입니다.

"우리 교회 성도는 이 정도면 충분해."

"이제 전도 사역보다는 다른 사역으로 방향을 전환해야 해."

우리는 아흔아홉 마리의 양을 보고 만족할지 몰라도 하나님 아버지는 죽어가는 단 한 마리의 양 때문에 슬퍼하십니다. 아버지는 단 한 명

의 자녀라도 포기할 수 없으며 단 한 명의 자녀라도 잊을 수 없는 것입
니다.

2장 _ 아버지의 소원

아버지의 첫 번째 소원

누군가 죽어가는 자녀를 둔 아버지에게 "당신의 소원이 무엇이냐?"라고 묻는다면, 그 아버지는 어떤 대답을 할까요? 두말할 것도 없이 "자녀가 죽지 않고 사는 것"이라고 말할 것입니다. 아주 간단하지요. 그러면 다음과 같은 상황에서는 어떨까요? 첫째 아들이 큰 병에 걸려 죽어가고 있고, 둘째 아들은 중요한 대학 입시를 앞두고 있습니다. 이때 단 한 가지의 소원을 말해야 한다면 이 아버지는 어떤 소원을 말할까요? 지금 상황에서 이 아버지는 자신이 어떤 소원을 말해야 할지 고민하고 있을까요? 아닙니다. 둘 중에 하나를 선택해야 하는 상황이지만 그 선택이 어렵지는 않습니다.

100명에게 이와 같은 질문을 한다고 해도 답은 한 가지밖에 안 나올 것입니다. 누구에게 물어봐도 이 아버지의 소원은 "첫째 아들을 살려달라"는 것일 것입니다. 세상의 어떤 부모가 다른 답을 할 수 있겠습니까? 물론 둘째 아들이 좋은 대학에 가는 것도 중요합니다. 하지만 자녀의 죽음 앞에서는 자녀의 생명보다 더 중요한 소원은 없습니다.

우리는 중병에 걸린 어린이의 이야기를 TV에서 종종 볼 수 있습니다. 부모의 헌신적인 간호와 아이의 고통을 보면서 많은 사람들이 같이 슬퍼하며 눈물 흘립니다. 자신의 이야기도 아닌데 왜 같이 슬퍼하고 눈물을 흘릴까요? 그 부모의 애절하고 간절한 마음을 경험하지 않아도 이해하고 공감하기 때문입니다.

하나님이 우리의 아버지이신 것이 사실이라면, 하나님 아버지께는 결코 다른 소원이 있을 수 없습니다. 죽어가는 영혼들이 이 세상에 얼마나 많은데 아버지이신 우리 하나님이 다른 소원을 말할 수 있으시겠습니까? 죽어가는 영혼들 앞에서는 그 어떤 것도 아버지이신 하나님의 눈에 들어오지 않을 것입니다.

이 부분에서 우리는 왜 하나님이 그토록 전도와 영혼 구원을 강조하시는지 알 수 있습니다. 물론 세상에는 우리에게 중요한 것들이 많이 있습니다. 하지만 아버지이신 하나님께는 그 어떤 것도 생명을 살리는 것보다 더 중요하지는 않습니다.

아버지의 두 번째 소원

아버지이신 하나님의 첫 번째 소원은 죽어가는 영혼을 살리는 것입니다. 그렇다면 아버지이신 하나님의 두 번째 소원은 무엇일까요?

앞에서 말씀드린 예화를 통해 다시 생각해보면, 죽어가던 큰아들이 건강해졌습니다. 아버지의 첫 번째 소원이 이루어진 것입니다. 그 다음에 이 아버지의 소원은 두 아들이 각기 따로 알아서 사는 것일까요? 아닙니다. 두 아들이 서로 화목하게 잘 살아가는 것이 아버지의 다음 소원일 것입니다. 형제가 서로 미워하고 싸우는 것처럼 부모의 마음을 아프게 하는 것도 없기 때문입니다.

그러나 불행히도 우리가 사는 세상은 약육강식의 정글과도 같습니다. 약한 사람은 강한 사람에게 이용당하고 끌려갑니다. 부자는 더욱 부자가 되기 위해 가난한 사람의 부스러기까지 빼앗습니다. 권세가 있는 사람은 그 권세를 이용하여 연약한 자들의 권리를 짓밟습니다.

많은 학자들이 이 같은 인간세계의 문제에 대한 근본적인 원인을 '자기중심성'에서 찾습니다. 그리고 어떻게 하면 '자기중심성'에서 탈출할 수 있는지 여러 가지 사상과 개념을 연구하기도 합니다. 이런 말이 있습니다.

"이 세상에서 가장 고통스러운 것은 내 손가락에 박힌 작은 가시다."

이것은 '자기중심성'을 설명하는 가장 정확한 예일 것입니다. 다른 사람이 얼마나 심각한 고통에 처해 있든지 상관없이 지금 내가 겪고 있는 작은 고통이 세상에서 가장 큰 고통이라는 이야기입니다.

그러나 하나님은 우리 모두가 형제자매라고 말씀하십니다. 옆에서 고통 받고 있는 누군가가 남이 아니라는 것입니다. 비록 아직까지 구원 받지 못해 사탄과 세상의 종으로 살아가고 있지만, 그럼에도 불구하고 모든 사람은 하나님의 자녀로 창조되었습니다. 부자도 하나님의 자녀이고, 가난한 사람도 하나님의 자녀입니다. 권세 있는 자도, 연약한 자도 모두 하나님의 자녀입니다. 우리가 만나는 모든 사람들이 하나님 아버지의 자녀인 것입니다.

만약 하나님의 자녀들이 서로 싸우고 있다면 그 모습을 지켜보는 아버지이신 하나님의 마음이 얼마나 아프실까요? 부자가 돈을 갚지 못한 자를 노예로 파는 세상, 강한 사람이 약한 사람을 억누르는 세상. 우리의 아버지이신 하나님은 이런 세상을 원하지 않으십니다. 어려움에 처한 이가 있으면 도와주고, 슬퍼하는 이가 있으면 옆에서 같이 위로해주는 세상을 원하십니다.

첫째 아들이 학교에서 상으로 사탕 두 개를 받아 왔습니다. 그런데 둘째는 아무것도 받지 못했습니다. 그러면 대부분의 부모는 첫째에게 "형은 두 개 있으니 동생 하나 줘"라고 말할 것입니다.

하나님 아버지께서 세상을 보시는 눈이 이와 같습니다. 부자가 가난한 사람에게 나누어주고, 강한 사람이 약한 사람을 도와주고, 모두가 사랑하는 관계로 살기를 바라십니다. 그래서 하나님께서는 고아와 과부를 소홀히 생각하지 말고 가난한 자를 돌아보라고 하시는 것입니다.

상처 난 손가락

하나님의 첫 번째와 두 번째 소원을 위해서는 교회가 전도와 구제를 강조할 수밖에 없습니다. 그런데 그것은 성도들의 헌신을 의미하기 때문에 일부 성도들에게는 불편한 마음을 주기도 합니다. 여러 가지 예를 들 수 있지만, 대표적으로 선교의 예를 들어 이야기하고자 합니다.

일부 성도들은 해외로 나가는 선교에 대해 이야기할 때, 노골적으로 불편한 마음을 드러내기도 합니다. 그러면서 이런 질문을 던집니다.

"외국인들이 우리와 무슨 관계가 있다고 그들을 위해서 기도해야 합니까?"

"지금 우리 교회 형편도 어려운데 굳이 외국까지 나가서 외국인들을 위해 힘써야 합니까?"

"아무런 이득도 없는 해외 선교보다는 국내 선교를 위해 힘써야 합니다."

물론 국내에도 구원 받지 못하고 죽어가는 영혼들이 많이 있습니다. 그들을 위해서 기도하고 복음을 전하는 것도 매우 중요합니다. 하지만 우리가 아버지이신 하나님의 입장에서 조금 더 생각해본다면 우리가 불편하게 생각하는 사역에 대해서 조금 더 관심을 갖게 될 것입니다.

옛말에 "열 손가락 깨물어 안 아픈 손가락 없다"는 말이 있습니다.

긴 손가락이든 짧은 손가락이든 깨물어서 안 아픈 손가락 없고, 아파도 상관없는 손가락 없습니다. 자녀가 많다고 해서 "자녀가 많으니 한 명 정도는 잘못되어도 상관없다"고 생각하는 부모는 없다는 것입니다.

아버지이신 하나님의 마음도 이와 다르지 않습니다. 이 세상 모든 영혼이 다 소중합니다. 아버지이신 하나님께 죽어도 되는 사람, 힘들게 살아도 되는 사람은 없습니다.

그런데 모두 다 귀한 손가락들이지만 그중에 깨물면 특별히 아픈 손가락은 있습니다. 바로 상처 난 손가락입니다. 이것은 똑같이 깨물어도 다른 손가락보다 더 아픕니다. 이런 손가락은 신경이 더 쓰일 수밖에 없습니다.

책장을 넘기다가 손가락을 살짝 베였습니다. 병원을 가는 것은 물론이고 약을 바르기도 민망한 미미한 상처가 났습니다. 그런데 누가 만지려고 하면 그 손가락을 보호하기 위해 팔 전체를 피하기도 하고, 반대쪽 손으로 대신 막기도 합니다. 작은 손가락 하나를 지키기 위해서 온 신경이 집중되고 있습니다. 이것이 바로 '상처 난 손가락'입니다.

이 세상에는 죽어가는 영혼들, 병든 자들, 가난한 자들, 세상에서 소외 받는 자들이 많습니다. 이런 사람들은 우리에게 별로 유익하지 않은 존재라고 생각할 수도 있습니다. 그러나 하나님께서는 그런 자들에게 더욱 신경을 쓰고 계십니다. 왜냐하면 아버지이신 하나님께는 바로 이들이 '상처 난 손가락'이기 때문입니다.

우리가 느끼는 하나님의 '상처 난 손가락'은 각자 다를 수 있습니다. 하나님이 주신 소명이나 은사에 따라서, 아니면 자신이 처한 상황에 따라 각자 다르게 느낄 수 있습니다. 하지만 중요한 관점은 세상의 눈으로 봤을 때 별로 중요하지 않을 것 같은 사람들, 사람들이 별로 관심을 갖지 않는 사람들이 하나님께는 '상처 난 손가락'이라는 것입니다.

특별히 제가 나누고 싶은 '하나님의 상처 난 손가락'이 있습니다. 바로 복음의 좋은 소식을 접할 수 없는 선교지에 있는 사람들입니다. 그들은 그냥 두어서는 구원 받을 가능성이 거의 없는 사람들입니다. 왜냐하면 그들은 대개 복음을 접할 수 있는 기회조차 차단되어 있는 경우가 대부분이기 때문입니다. 그래서 아버지이신 하나님은 선교지에, 그리고 선교 사역에 특별한 관심을 가지고 계신 것입니다.

그중에서도 사역자들이 거의 없는 땅이 있습니다. 하나님은 그런 곳을 더욱 안타까워하시며 더 많은 일꾼들을 보내고자 하십니다. 또 그런 땅을 위해서 더 많은 성도들이 중보하기를 원하십니다. 하나님께서 특별히 생각하시는 하나님의 '상처 난 손가락'을 우리 성도들도 더욱 관심을 가지고 돌봐야 할 것입니다.

3장 _ 전인적인 생명

하나님의 소원은 결국 생명이다

앞에서 우리는 하나님이 원하시는 것에 대한 여러 가지 이야기들을 나누었습니다. 그런데 여기서 짚고 넘어가야 할 것이 하나 있습니다. 지금까지 나눈 하나님의 소원들이 여러 가지가 아니라 결국에는 하나라는 것입니다.

하나님이 여전히 사탄의 영향력 아래 있는 죄인들과 복음을 전혀 접하지 못하는 지역의 사람들에게 관심을 갖는 것은 그들에게 생명이 없기 때문입니다. 하나님이 약자에게 관심을 갖는 것 역시 그들을 방치하면 그들의 생명이 위협을 받기 때문입니다. 결국 하나님의 소원은 '생명' 이라는 한 단어로 압축할 수 있습니다.

하나님의 구원은 전인적인 구원

하나님은 인간을 창조하실 때 영(靈)과 육(肉)을 나누어 창조하신 것이 아닙니다. 마찬가지로 인간을 구원하실 때도 영과 육을 나누어 구원하시는 것이 아닙니다. 하나님께서 보시는 생명에 영과 육을 구분하는 개념은 없습니다.

하나님의 일을 하는 사역자들이 종종 고민에 빠지는 문제가 있습니다. 영적인 사역을 해야 하는가, 아니면 현실적인 도움을 주는 사역을 해야 하는가 하는 문제입니다. 그러나 어느 한 쪽에 강조점을 둘 수는 있지만, 한 쪽만 하는 사역은 없습니다. 왜냐하면 하나님께서는 영이나 육 한 쪽만 구원하시는 것이 아니기 때문입니다.

아담의 범죄 이후에 하나님이 하신 말씀(창 3:17-19)에 의하면, 아담의 범죄로 이 세상에 사망과 가난과 저주가 함께 들어왔습니다. 아담의 범죄가 영적인 죽음만 가져온 것이 아니라, 인간의 삶에서 나타나는 모든 저주와 영적, 육적 죽음이 총체적으로 이 세상에 들어온 것입니다.

그렇다면 우리에게 필요한 구원은 어떤 것입니까? 인간의 범죄가 가져다준 모든 것에서의 구원 아니겠습니까?

예수님이 십자가에서 죽으시고 부활하심으로 우리에게 구원을 주셨습니다. 예수님이 주신 구원은 죄에서 자유를 얻게 하는 구원, 죽음과 저주에서의 구원, 가난과 질병에서의 구원, 이 모든 것을 포함하는 구원입니다.

하나님이 원하시는 소원은 생명을 살리는 것입니다. 이 생명은 영적인 생명 혹은 육체적인 생명, 둘 중에 하나만을 말하는 것이 아닙니다. 전인적인 생명을 말하는 것입니다.

그리고 그 전인적인 생명을 살리는 일에 하나님의 자녀인 성도들이 나서기 바라십니다. 우리 성도들은 죽어가는 죄인들, 소외당하는 자들, 힘들게 살아가는 자들에게 예수님의 복음을 통하여 생명을 주어야 합니다. 왜냐하면 그들이 바로 우리의 형제이기 때문입니다.

기억하십시오. 아버지이신 우리 하나님의 소원은 단 하나, 자녀의 생명을 살리는 것입니다.

우리를 사랑하시는 미련한 방법 *4부*

보라 내가 너희를 보냄이 양을 이리 가운데로 보냄과 같도다 그러므로 너희는 뱀 같이 지혜롭고 비둘기 같이 순결하라(마 10:16).

God's Desire

1장 _ 이해할 수 없는 하나님의 방법

하나님은 왜 이런 방법을 쓰실까?

앞에서 우리는 아버지이신 하나님이 생명을 살리기 원하신다는 것을 알았습니다. 그런데 우리를 의문에 빠트리는 것이 있습니다. 생명을 살리기 위해 하나님이 사용하시는 방법들이 너무나 비효율적이고 이해 안 되는 것들이 많다는 것입니다. 생명을 살리기 원하시는 분이 천지를 창조하시고 모든 것을 아시는 위대한 하나님이시기에 더욱 의문스럽습니다. 그런 하나님이시라면 최소한의 능력만을 사용하셔도 놀라운 효과를 낼 수 있을 텐데 말입니다. 만일 하나님의 말씀을 전하는 사람들에게 하나님의 능력을 조금만 더 주신다면 더 빨리, 더 많은 생명을 살릴 수 있지 않겠습니까? 그런데 우리 하나님은 그런 방법을 사용하지 않으십니다.

물론 우리는 하나님의 어리석음이 사람의 지혜로움보다 탁월하다는 것을 알고 있습니다. 그러나 하나님의 방법은 우리 성도들이 봐도 이해가 되지 않는 것이 많습니다. 오히려 인간의 방법과 정반대이기도 합니다.

예를 들어 "원수에게 복수하라"는 말은 이해하기도 쉽고 순종하기도 쉽습니다. 그런데 "원수를 사랑하라"는 말씀은 사람들을 고민하게 합니다. 또한 예수님은 "누가 이 뺨을 치면 저 뺨도 돌려대라"고 말씀하십니다. 세상에 이렇게 미련한 가르침이 어디 있습니까? 이 뺨을 치면 같이 싸우지는 않아도 최소한 피하는 것이 현명한 것 아닙니까?

그러나 우리의 생각으로는 이해할 수 없고 어리석어 보이는 하나님의 말씀에 우리를 사랑하시는 하나님의 방법이 들어 있습니다. 지금부터 하나님이 사용하시는 '우리가 이해할 수 없는 방법'들에 대해 생각해봅시다.

원수를 사랑하라

우리가 가장 이해할 수 없는 하나님 아버지의 방법 중 하나가 '원수를 사랑하라'가 아닐까 생각합니다.

또 네 이웃을 사랑하고 네 원수를 미워하라 하였다는 것을 너희가 들었으나 나는 너희에게 이르노니 너희 원수를 사랑하며 너희를 박해하는 자를 위하여 기도하라(마 5:43-44).

이 말씀은 교회를 다니지 않는 사람들도 잘 알고 있을 정도로 유명한 말씀입니다. 원수를 표현할 때 흔히 '불구대천지원수'(不俱戴天之怨讐)라는 말을 사용합니다. 이 말의 본래 뜻은 '하늘을 같이 이지 못하는 원수'라는 것입니다. 즉, 이 세상에서 같이 살 수 없을 만큼의 큰 원한을 지녔기 때문에 반드시 죽여야 한다는 것을 비유하는 말입니다. 이것만큼 원수에 대한 감정을 적나라하게 표현하는 말도 없을 것 같습니다.

그만큼 '원수를 사랑하라'는 말씀은 이성적으로나 감정적으로 받아들이기 어려운 것입니다. 그렇다면 하나님은 왜 이와 같은 말씀을 하신 것일까요?

예를 들어 보겠습니다. 두 아들이 있습니다. 두 아들이 서로 싸웠습니다. 그런데 첫째가 둘째를 때려 둘째의 코가 부러져서 병원에 입원했습니다. 둘째는 너무 분하고 서러워서 병원에 누워 있는 내내 "이에는 이 눈에는 눈, 반드시 복수할 거다"라고 하며 이를 갈고 있습니다. 이런 상황을 보는 부모의 마음이 어떻겠습니까? 둘째가 다쳐 병원에 입원해 있는 것도 너무 마음이 아프지만, 저렇게 이를 갈며 복수하려는 둘째를 보며 더욱 마음이 아플 것입니다.

이럴 때 부모는 둘째에게 뭐라고 하겠습니까? 원수를 갚으라고 하겠습니까? 아니면 용서하고 서로 화목하게 지내라고 하겠습니까?

아버지이신 하나님이 '원수를 사랑하라'고 말씀하신 것도 이와 비슷한 이치입니다. 우리의 원수조차 아버지이신 하나님은 자녀로 보시고 우리를 모두 형제로 보시는 것입니다. 세상의 어떤 입장에서도 '원수를 사랑하라'고 말할 수는 없습니다. 오직 부모만이 싸우는 형제에게 할 수 있는 말입니다.

물론 원수가 회개하고 용서를 구하는 것이 가장 좋겠지만, 지금 당장 그것을 기대할 수 없는 상황이라면 원수조차도 우리의 형제이니 지난 일을 용서하고 서로 화목하게 지내라는 것이 하나님의 뜻입니다. 그리고 '원수를 사랑하라'라는 말씀은 우리 모두가 형제라는 사실을 다시 한 번 상기시켜주는 말씀입니다.

약한 자를 들어 쓰시는 하나님

HRM(Human Resource Management)이란 용어를 들어보신 적 있습니까? HRM은 '인적자원관리'를 나타내는 말로 경영이나 행정에서 조직의 성과를 좌우하는 가장 중요한 부분 중 하나입니다. 시대마다, 조직에 따라 선호하는 인재상이 조금씩 달라집니다. 우리나라도 역사적으로 인재를 중요시 여겼기에 인재를 교육하고 등용하는 방법에 많은 신경을 썼습니다. 이것은 현대에서도 마찬가지입니다. 요즈음에는 국제적 감각, 전문성을 중요하게 생각하는 추세입니다. 그래서 많은 학생들이 그렇게 영어를 열심히 공부하는 것입니다.

그렇다면 하나님은 어떤 사람을 쓰실까요? 고린도전서 1장 26-27절은 하나님이 어떤 사람을 사용하는지 잘 나타내고 있습니다.

형제들아 너희를 부르심을 보라 육체를 따라 지혜로운 자가 많지 아니하며 능한 자가 많지 아니하며 문벌 좋은 자가 많지 아니하도다 그러나 하나님께서 세상의 미련한 것들을 택하사 지혜 있는 자들을 부끄럽게 하려 하시고 세상의 약한 것들을 택하사 강한 것들을 부끄럽게 하려 하시며(고전 1:26-27).

이 말씀은 하나님이 미련한 자, 약한 자, 천한 자, 멸시받는 자들을 택하신다고 말합니다. 우리는 하나님을 믿는 자들이기에 이 말씀을 거부감 없이 받아들일 수 있지만, 이성적으로 생각해보면 이해가 되지 않습니다.

여러분이 어느 회사의 사장이라고 상상해봅시다. 여러분이라면 회사에서 사원을 모집할 때 어떤 사람을 뽑겠습니까? 최대한 유능한 사람을 뽑으려고 노력하지 않겠습니까? 유능한 인재를 뽑는 것은 조직의 생산성을 좌우하는 것이기 때문에 경영에서 가장 중요하게 생각하는 부분 중에 하나입니다. 무능한 사람을 뽑는 회사라면 발전 가능성이 크지 않을 것입니다. 그래서 회사의 경영자들은 보다 높은 연봉을 주더라도 유능한 인재를 채용하려고 합니다.

그런데 하나님은 약한 자를 쓰신다고 하시니 이해가 가지 않는 것입니다. 만일 하나님이 약한 사람을 들어서 강하게 하실 수 있다면, 약한 사람을 택하실 것이 아니라 강하고 재능 있는 사람을 선택해서 더욱 강하게 만드는 것이 더 효율적인 방법이 아니겠습니까? 그런데 굳이 하나님은 약한 자를 쓰겠다고 하십니다. 쉬운 길이 있는데도 꼭 힘든 길을 택하십니다.

그 이유에 대해서 고린도전서 1장 27절 후반부는 "지혜 있는 자들을 부끄럽게 하려 하시고", "강한 것들을 부끄럽게 하려 하시며"라고 말씀합니다. 또한 28-29절에서는 "하나님 앞에서 자랑하지 못하게 하려는 것"이라고 말씀합니다.

하나님께서 세상의 천한 것들과 멸시 받는 것들과 없는 것들을 택하사 있는 것들을 폐하려 하시나니 이는 아무 육체도 하나님 앞에서 자랑하지 못하게 하려 하심이라(고전 1:28-29).

여기에는 하나님의 몇 가지 메시지가 담겨 있습니다.

첫 번째는 말씀에서 언급한 것처럼 강한 자들에게 "하나님 앞에서 겸손하라"는 메시지입니다.

하나님께 쓰임 받은 사람이 '내가 유능하니까 하나님이 나를 사용하시는구나!', '하나님이 나를 안 도와주셔도 이 정도는 할 수 있어' 이런 말을 못하게 하시려고 약한 자를 쓰신다는 것입니다.

만약 세상에서 강한 자들이 하나님의 도우심을 원한다면 스스로 '자신이 약한 자이니 저를 도와주십시오'라고 기도할 수밖에 없습니다. 이렇게 약한 자를 쓰신다는 말씀은 강한 자들이 자신의 연약함을 고백하게 만듭니다. 결국 강한 자들이 하나님 앞에서 겸손하게 되는 것입니다.

두 번째는 조금 더 강조점을 두고 싶은 것인데, 바로 강한 자들에게 "약한 자들 앞에서 겸손하라"는 메시지입니다.

강한 자들이 하나님 앞에서 교만한 것은 하나님이 심판하실 일입니다. 그런데 강한 자들이 교만하여 약한 자들 앞에서 자랑하고 그들을 이용한다면, 약한 자들은 강한 자들에게 당할 수밖에 없습니다. 게다가 세상의 법칙에서는 강한 사람은 더욱 강해지고 약한 사람은 더욱 약해질 수밖에 없으니 약한 사람은 항상 강한 사람에게 당할 수밖에 없는 것입니다.

그러나 세상 모든 사람들이 약하다고 무시하고 힘으로 누를지라도 아버지이신 하나님만은 그들을 기억하시고 돌봐주시는 분이십니다. 만약 아버지이신 하나님조차도 이들을 외면한다면 이들은 어떤 희망을 가지고 어떻게 살아가겠습니까? 하나님 아버지의 눈에는 이들이 바로 '상처 난 손가락'입니다.

그래서 하나님은 약한 자들이 하나님의 도구가 된다는 사실을 말씀하셔서 세상 사람들이 하나님이 약한 자들을 지켜보시고 사용하신다는 것을 알게 하시는 것입니다. 결국 하나님을 두려워하는 사람이라면 하나님이 사용하시는 사람을 무시할 수는 없을 것입니다. 이로 인해 세상에서 약한 자들이 천대 받는 것이 아니라 다른 이들에게 존중받는 자들로 만들어주시려는 것입니다.

마지막으로 약한 자들에게 "희망을 가지라"는 메시지입니다.

하나님은 아무리 연약한 사람일지라도 하나님의 도움을 통해 위대한 인생을 살 수 있다는 것을 약속하셨습니다. 그래서 약하고 천한 자들이 자신의 처지와 환경을 보며 절망하는 것이 아니라 아버지이신 하나님을 통해 희망을 얻게 하십니다.

그 작은 자가 천 명을 이루겠고 그 약한 자가 강국을 이룰 것이라 때가 되면 나 여호와가 속히 이루리라(사 60:22).

이것이 하나님이 우리를 사랑하시는 방법입니다. 하나님도 유능한 사람을 사용하셔서 쉽고 효율적으로 일하실 수 있습니다. 하지만 하나님은 쉬운 방법을 통해 일하시는 것이 아니라, 조금 번거롭더라도 모든 사람이 화목하게 살 수 있는 방법을 통해 역사하시는 것입니다. 사람들은 쉽고, 빠르고, 효과적인 방법을 찾지만 하나님은 조금은 힘들고 어렵더라도, 모든 사람이 화목하게 살 수 있는 방법을 택하십니다. 이것이 아버지이신 하나님이 우리를 사랑하시는 방법입니다.

전도의 미련한 것

아버지이신 하나님은 인간을 사랑하는 쉽지 않은 방법을 사용하셨습니다. 뿐만 아니라 높으신 예수님도 낮은 자를 위해 희생하시고 고난 받으신 사랑을 보여주시며 제자들에게 "너희도 이와 같이 사랑하라"고 말씀하셨습니다. 이것은 예수님이 희생하신 그 길을 제자들에게도 따르라는 의미입니다. 특별히 예수님은 제자들을 세상에 보내시면서 다음과 같이 말씀하셨습니다.

보라 내가 너희를 보냄이 양을 이리 가운데로 보냄과 같도다 그러므로 너희는 뱀 같이 지혜롭고 비둘기 같이 순결하라(마 10:16).

이 말씀을 단순히 받아들일 때는 잘 모르지만 한 번만 다시 생각해 봐도 의아한 점이 있다는 것을 알 수 있습니다. 먼저 예수님은 제자들이 힘든 곳에 가게 될 것을 알고 계셨습니다. 게다가 이 말씀은 제자들의 생명도 위태로울 수 있음을 암시하고 있습니다.

만일 예수님이 제자들을 사랑하신다면, 이리 가운데 그들을 보낼 것이 아니라 이리가 없는 곳으로 보내야 하는 것 아닙니까? 제자들이 그렇게 위험한 곳으로 간다고 해도 말리셔야 할 분이 오히려 그들을 죽음의 장소로 보내고 계신 것입니다.

실제로 예수님의 제자들은 예수님과 같이 복음을 전하기 위해 많은 고난을 당했고, 대부분이 순교를 당했습니다. 복음을 전하는 전도자들은 하늘나라의 특사들입니다. 그런데 이렇게 귀한 특사들이 세상에서 귀한 대접을 받는 것이 아니라 오히려 극한의 고난까지 받아야 하는 것이 너무나 비논리적입니다. 고린도후서 11장에서 바울은 자신이 복음을 위해 당한 고난을 열거합니다. 그는 사십에 하나 감한 매를 다섯 번, 태장을 세 번, 돌로 한 번 맞았고, 세 번 파선을 당했고, 주리고, 목마르고, 헐벗은 일들을 부지기수로 당하였습니다.

유대인들에게 사십에서 하나 감한 매를 다섯 번 맞았으며 세 번 태장으로 맞고 한 번 돌로 맞고 세 번 파선하고 일 주야를 깊은 바다에서 지냈으며 여러 번 여행하면서 강의 위험과 강도의 위험과 동족의 위험과 이방인의 위험과 시내의 위험과 광야의 위험과 바다의 위험과 거짓 형제 중의 위험을 당하고 또 수고하며 애쓰고 여러 번 자지 못하고 주리며 목마르고 여러 번 굶고 춥고 헐벗었노라(고후 11:24-27).

사도 바울뿐 아니라 복음을 전하기 위해 수고했던 모든 이들이 이와 비슷한 고난을 계속 당했습니다. 스데반 집사는 초대교회의 첫 번째 순교자였고, 베드로는 예수님처럼 죽을 수 없어서 거꾸로 십자가에 못 박혀 순교를 당했습니다. 이처럼 예수님을 믿고 구원을 얻은 성도들이 고난을 당하고 죽임을 당한 사례를 인류 역사에서 수없이 찾아볼 수 있습니다.

지금은 우리나라가 세계 곳곳에 복음을 전하는 데 많은 일을 담당하지만 우리나라도 불과 100여 년 전만 해도 복음이 전해지기 위해 수많은 순교자들의 피가 흘려져야 했습니다. 윌리엄 매켄지(William John Mckenzie, 1861-1895) 목사님은 캐나다에서 황해도 소래로 오셔서 복음을 전파하다가 풍토병으로 34세의 나이로 순교하셨습니다. 주기철(1897-1944) 목사님은 일제의 신사참배를 거부하다가 평양형무소에서 복역 중 일제의 잔혹한 고문으로 순교하셨습니다.

과거뿐 아니라 지금도 세계 도처에서 순교의 피가 흘려지고 있습니다. '오픈도어즈 선교회'(Open Doors International)에 따르면, 2011년 11월에서 2012년 10월 사이에 세계적으로 한 달의 평균 100명인 1,201명의 그리스도인들이 순교했다고 합니다.[1] 예수님이 피 흘리시고 희생하신 것도 모자라서 예수님을 따르는 사람들까지 이렇게 피 흘리게 하신다는 사실은 쉽게 납득하기 어려운 점입니다.

우리 하나님은 능력이 없으신 분이 아닙니다. 제자들이 비록 이리 떼 한가운데로 갈지라도 이리를 제압할 수 있는 능력을 주실 수 있는 분입니다. 그러나 하나님은 그들을 제압할 수 있는 능력을 주시지 않았습니다. 제자들을 이리 가운데 파송하신다는 예수님이 제자들에게 주신 교훈은 고작 "뱀같이 지혜롭고 비둘기같이 순결하라"는 말뿐이었습니다.

또 제자들이 전하는 복음은 어떤 것이었습니까? 고린도전서 1장에서 바울조차도 복음이 세상 사람들 눈에는 미련한 것처럼 보일 수 있다는 말을 하고 있습니다.

유대인은 표적을 구하고 헬라인은 지혜를 찾으나 우리는 십자가에 못 박힌 그리스도를 전하니 유대인에게는 거리끼는 것이요 이방인에게 미련한 것이로되(고전 1:22-23).

그런데 하나님께 표적이 없습니까? 지혜가 없습니까? 유대인이나

---

1) http://www.opendoors.or.kr/world-watch-list/wwl2013brief/2013-numbers-persecution

헬라인들이 찾는 표적과 지혜를 보여주면 그들에게 복음을 훨씬 더 잘 전할 수 있지 않겠습니까? 그러나 하나님은 이런 것들이 아니라 사람들이 쉽게 이해하지 못하는 십자가를 보여주십니다. 이처럼 하나님은 이성적이지 않고 효율적이지도 않은 방법들만 사용하고 계십니다.

만일 천사들이 나팔을 불며 "나사렛 예수를 믿으라"고 외치면서 하루만 날아다녀도 엄청난 전도의 효과가 있을 것입니다. 또는 바닥에 있던 돌들이 일어나서 "예수님이 그리스도시다"라고 외치게 하면 수많은 사람들이 예수님을 구주로 영접할 것입니다. 이렇게 인간으로서는 할 수 없는 초자연적인 능력들을 행하며 복음을 전하면 모든 사람에게 복음을 쉽게 전할 수 있을 것 같습니다.

하지만 하나님은 복음을 전하실 수 있는 획기적인 방법과 능력을 가지고 계심에도 불구하고 구원 받은 사도들과 수많은 성도들을 다시 희생과 고난 속으로 집어넣고 계십니다.

만일 하나님이 정말로 성도들을 사랑하신다면 더 많은 성도를 얻기 위해서 그리고 구원 받은 성도들이 잘 살게 하기 위해서라도 이런 방법보다는 더 효율적인 방법들을 사용해야 하는 것이 아닌지 의심스럽습니다. 끊임없이 예수 믿는 자들을 이리 가운데로 보내실 것이 아니라 하나님의 권능과 능력으로 모든 고난을 극복하고 세상에 복음을 전할 수 있는 방법을 사용하시는 것이 현명하지 않겠습니까?

2장 _ 사랑을 전하는 가장 위대한 방법

하나님은 왜 비효율적인 방법을 사용하시는가?

앞에서 우리는 하나님이 사용하시는 비효율적이고 합리적으로 이해하기 어려운 방법들에 대해 살펴보았습니다. 그렇다면 하나님이 왜 그렇게 비효율적이고 힘든 방법을 사용하시는지 함께 나누어보도록 하겠습니다.

하나님은 분명히 세상 사람들이 보기에 '미련한 방법'을 사용하십니다. 하나님의 방법은 비논리적이며 비효율적입니다. 하지만 그 속에는 사람들이 쉽게 알지 못하는 위대함이 숨겨져 있습니다.

하나님의 어리석음이 사람보다 지혜롭고 하나님의 약하심이 사람보다 강하니라(고전 1:25).

하나님의 방법은 이 세상을 사랑하시는 아버지이기에 사용하실 수 있는 방법이고, 그 아버지이신 하나님의 사랑을 전하기 위한 가장 확실한 방법입니다.

화려하다고 진리는 아니다

인간은 항상 눈에 쉽게 들어오는 것, 감각적인 것을 좋아합니다. 특별히 유대인들이 표적을 구하고 헬라인들이 지혜를 구했듯이, 표적이나 지혜는 눈에 쉽게 들어오는 것입니다. 누군가 기적적이고 초자연적인 현상을 보여준다면 모든 사람이 쉽게 주목할 것입니다. 또한 철학이 발달했던 그리스에서 논변으로 헬라인들을 모두 물리쳤다면 많은 사람들의 주목을 끌기에 충분했을 것입니다.

최근 한국 사회에 '명품 열풍'이 불고 있습니다. '명품'(名品)이란 단어의 사전적 의미는 '뛰어나거나 이름이 난 물건'입니다. 그러나 언제부터인가 특정 고급 브랜드 군을 지칭하는 단어로 사용되고 있습니다. 그 정도로 사람들은 일부 브랜드를 명품이라고 부르면서 선호합니다. 심지어 '남자 친구에게 받고 싶은 선물'과 같은 설문조사를 하면 항상 상위권을 차지하는 것이 명품 가방입니다. 사람들이 왜 그렇게 명품을 좋아할까요?

우리는 이런 명품 열풍을 통해서 사람들의 심리를 알 수 있습니다. 명품은 일반적으로 굉장한 고가(高價)입니다. 어떤 것들은 정말 이해할 수 없을 정도로 비싸기도 합니다. 하지만 이런 높은 가격에 숨겨진 원리가 있습니다. 높은 가격이 사람들에게 일종의 '신호발송효과' (signal effect)를 일으키는 것입니다.

'신호발송효과'는 상대에 대한 정보가 별로 없을 때 상대가 제공하는 신호를 통해서 선택을 하게 되는 것을 말하는데, 사람들이 제품을 통해서 가격을 보는 것이 아니라 제시된 가격을 통해서 제품을 보게 되는 것입니다. 그리고 높은 가격이 과시욕구와 결합하여 오히려 가격이 높을수록 제품이 잘 팔리는 기이한 현상까지 발생하는 것입니다. 이런 현상을 경제학에서는 '베블렌 효과' (Veblen effect)라고도 합니다. 이처럼 많은 사람들은 눈에 쉽게 보이는 가격에 민감하게 반응합니다.

반면에 명품의 품질이 그 가격에 맞는지를 판별하기는 쉽지 않습니다. 왜냐하면 가방 같은 제품의 경우 재질의 정보처럼 눈에 쉽게 보이지 않는 요소들이 제품의 품질을 결정하기 때문인데, 예를 들어, 어떤 가죽을 사용했는지, 만약 소가죽이라면 몇 개월 정도 된 소의 가죽인지, 가죽 가공법은 무엇인지, 실은 어떤 것을 사용했는지 등과 같은 것들이 제품의 품질을 좌우합니다. 그런데 일반인들이 이런 정보를 알기란 쉽지 않습니다. 그래서 제품을 고를 때 이런 것까지 세심하게 고려하는 사람들이 많지 않은 것입니다.

또한 눈에 쉽게 보이는 것은 사람들을 쉽게 현혹시키기도 합니다. 여러분은 자신을 초능력자라고 소개했던 세계적인 마술사 유리겔라 (Uri Geller)를 기억하십니까? 80년대 한국에도 방문했던 유리겔라는 각종 매체나 쇼를 통해서 독심술과 숟가락을 구부리는 등의 모습을 보여주었습니다. 이를 통해서 자신이 초능력자임을 주장했습니다. 당시에 전 세계적으로 유리겔라 신드롬을 일으킬 정도로 그가 보여준 초자연적인 현상들은 너무나 놀라운 것들이었습니다. 도저히 그가 초능력자가 아니라고는 생각하지 못할 정도였습니다. 그러나 결국에는 모든 것이 속임수에 불과하다는 것이 밝혀졌지요. 이것은 우리의 두 눈이 얼마나 무기력한지 보여주는 사건입니다.

마켓팅에서는 '후광효과'(Halo effect, 後光效果)라는 것이 있습니다. 이것은 얼굴이 잘생긴 사람은 마음씨까지 좋아 보이고, 포장이 좋으면 내용물까지 좋아 보인다는 것입니다. 기업들이 포장과 디자인, 판매 방법이나 광고기법 등에 세심한 주의와 노력을 기울이는 것도 이러한 이유 때문입니다.[2] 그래서 우리 주변에는 화려한 포장에 현혹되어 제품을 구입했다가 제품의 질에 실망하는 경우가 종종 있습니다. 특히 이런 경우는 매스미디어나 마케팅 기법이 발달할수록 그 폐해가 더욱 심각해지고 있습니다.

이처럼 눈에 잘 보이고 자극적인 것은 사람들이 쉽게 인식할 수 있고 즉각적인 영향력을 행사할 수 있으나, 그렇다고 그것이 진정성을 보장하는 것은 아닙니다. 그러나 하나님은 진실한 마음과 진정한 사랑을 원하십니다. 진실한 마음과 사랑은 우리의 눈에 자극적인 것도 아니고 쉽게 들어오는 것도 아닙니다. 그래서 많은 사람들은 하나님의 방법을 잘 이해하지 못하는 것입니다.

---

2) 매스컴대사전, 1993.12., 한국언론연구원(현 한국언론진흥재단)

능력이 있다고 진리는 아니다

모든 종교들은 나름대로의 진리를 가르칩니다. 어떤 종교에서는 위대한 신을, 어떤 종교에서는 초월을, 어떤 종교에서는 윤리적 측면을 이야기하면서 자신들의 주장이 진리라고 말합니다.

"나는 위대한 신이니 나를 따라야 한다."

"수련을 통해서 초월적 세계로 들어갈 수 있다."

"인간으로서 해야 할 선행을 많이 쌓으면 구원 받을 수 있다."

그들은 모두 나름대로 자신들의 논리를 진리라고 주장하고 있습니다. 그런데 문제는 어떤 것이 참된 진리인지 증명할 길이 없다는 것입니다. 좋은 말은 쉽게 할 수 있습니다. 게다가 능력까지 있다면 남들이 못하는 것을 보여줄 수 있고 속일 수도 있습니다. 세상에 능력 있는 사람들은 많이 있습니다. 또한 이 세상은 악한 영들이 지배하는 세상입니다. 그들도 충분히 많은 능력이 있습니다. 사람들을 끌어들일 만한 신기한 것들을 보여줄 수 있습니다. 병자를 고치기도 하고, 불 위를 걷기도 하고, 작두를 타기도 합니다.

모세가 바로와 대면했을 때 지팡이를 던져 뱀이 되게 하는 기적을 보여줬지만, 바로는 놀라지 않았습니다. 오히려 자신의 신하를 불러 자신들도 그와 같은 것을 행할 수 있다는 것을 보여주었습니다.

모세와 아론이 바로에게 가서 여호와께서 명령하신 대로 행하여 아론이 바로와 그의 신하 앞에 지팡이를 던지니 뱀이 된지라 바로도 현인들과 마술사들을 부르매 그 애굽 요술사들도 그들의 요술로 그와 같이 행하되(출 7:10-11).

하지만 그런 능력이 진정한 사랑이나 진리를 말하는 것은 아닙니다. 그렇다면 하나님은 진정성을 어떻게 증명하고 계실까요? 세상이 지혜로운 말이나 놀라운 능력을 구하지만(고전 1:22) 우리가 십자가에 못 박힌 예수 그리스도만을 전하는(고전 1:23) 이유가 바로 이것입니다.

진정한 진정성은 오직 사랑을 행하는 것

복음이 진리라는 것을 증명하는 방법은 눈으로 보여주는 것이 아닙니다. 들려주는 것도 아닙니다. 오직 사랑을 행하는 것입니다.

사랑은 여기 있으니 우리가 하나님을 사랑한 것이 아니요 하나님이 우리를 사랑하사 우리 죄를 속하기 위하여 화목 제물로 그 아들을 보내셨음이라(요일 4:10).

'사랑의 원자탄'이라고 불리는 손양원 목사님은 한센병 환자들을 돌본 것으로도 유명하지만, 자신의 아들을 죽인 원수를 용서하고 아들로 입양한 것으로 더 유명합니다. 이것이 손양원 목사님을 사랑의 원자탄이라고 부르는 이유입니다. 원수를 자신의 아들로 입양한 손양원 목사님의 행동은 그의 용서가 참된 용서라는 사실을 말해줍니다. 아들의 목숨을 걸고 용서한 것이기 때문입니다. 세상의 그 누가 자기 아들의 목숨을 걸고 농담을 하거나 거짓말을 하겠습니까?

예수님은 "내가 곧 길이요 진리요 생명이니 나로 말미암지 않고는 아버지께로 올 자가 없느니라"(요 14:6)고 말씀하셨습니다. 예수님만이 유일한 구원의 길임을 선언하신 것입니다.

그런데 사실 이런 말은 아무나 할 수 있습니다. 지금도 세상에는 자신이 구원의 길이라고 주장하는 이단이나 사이비 종교인들이 많이 있습니다. 그러나 예수님과 이들은 결정적인 차이점이 있습니다. 예수님은 그 구원의 길을 완성하시기 위해 고통과 죽음의 길, 즉 십자가의 길을 가셨다는 것입니다.

특별히 예수님이 걸어가신 길은 어쩔 수 없이 끌려가신 길이 아니라 자원함으로 걸어가신 길입니다. 예수님은 그 길이 죽음의 길임을 아셨습니다. 게다가 피할 수 있는 능력을 지니셨음에도 불구하고 피하지 않으셨습니다. 이렇게 죄인인 인간을 위해 스스로 목숨을 버리신 분은 예수님밖에 없습니다.

아버지께서 나를 아시고 내가 아버지를 아는 것 같으니 나는 양을 위하여 목숨을 버리노라(요 10:15).

그렇다면 아버지이신 하나님은 어떠셨을까요? 죽어가는 아들을 보는 것과 자신이 대신 죽는 것 중에 어느 것이 견디기 힘들겠습니까? 다윗은 반역을 일으키고 자신을 잡으려고 했던 압살롬이 죽었다는 소식을 듣고, 그의 죽음 앞에서 자신이 대신 죽었으면 하면서 통곡을 했습니다. 아버지이신 하나님은 예수님의 십자가를 보시며 예수님 이상으로 큰 고통을 느끼셨을 것입니다.

그런 하나님이 세상을 사랑한다고 하시는데, 이것이 어떻게 농담이 되겠으며 거짓이 되겠습니까? 독생자의 고통과 죽음을 걸고 하신 말씀이 "세상을 이처럼 사랑하신다"는 말씀입니다. 이 사랑에 어떻게 거짓이 있을 수 있겠습니까? 말로는 누구나 "내가 길이다. 내가 사랑한다"고 말할 수 있습니다. 그러나 자녀의 목숨을 걸고 거짓을 말하는 사람은 없습니다.

세상 사람들의 눈으로 본다면 하나님이신 예수님의 희생은 비이성적이고 비효율적인 방법일지도 모릅니다. 그러나 역설적이게도 그렇게 비이성적이고 비효율적이기 때문에 오히려 우리는 그것이 진리라는 것을 믿을 수 있습니다. 위기의 상황에서 자녀를 구하기 위해 자신의 목숨을 버린 부모의 이야기를 들으며 어느 누가 그 부모의 사랑이 거짓이라고 생각할 수 있겠습니까? 이처럼 예수님이 말씀하신 구원의 길은 자신의 목숨을 걸고 하신 일이기 때문에 그것이 진정한 사랑이고, 그것이 진리라고 말할 수 있는 것입니다.

게다가 예수님이 당하신 고난과 죽음은 인간이 경험할 수 있는 고통 중에 가장 극심한 고통이었습니다. 그래서 그 고난은 예수님의 사랑이, 그리고 그것을 허락하신 하나님 아버지의 사랑이 얼마나 큰 것인가를 말해주고 있습니다. 하나님이 사용하신 방법은 비효율적일지는 모르지만 진정한 사랑을 전할 수 있는 가장 위대한 방법이었습니다.

3장 _ 인격적인 사랑을 보여주는 하나님의 방법

먼저 진정한 사랑을 보여주신 하나님

우리가 이해하기 어려운 하나님 아버지의 방법에는 하나님의 사랑이 진실이라는 것을 증명하는 것 외에도 하나님이 인격적인 사랑을 하신다는 의미가 담겨 있습니다. 하나님의 능력을 보는 것은 사람들의 마음에 변화를 일으키는 계기가 될 수는 있습니다. 그러나 그것으로는 근본적인 변화를 일으킬 수 없습니다. 사람의 근본적인 변화는 마음의 변화로부터 오는 것이기 때문입니다.

그런데 마음의 변화라는 것이 그렇게 쉬운 것이 아닙니다. 그것은 자신의 마음 속 가장 깊은 곳의 자아(自我)가 깨어져야 하는 것입니다. 자아라는 것은 한 사람이 살아왔던 역사라고도 말할 수 있습니다. 그래서 자아가 깨어지는 것은 자신의 지금까지 살아왔던 역사를 부정하는 작업이기도 합니다. 그것은 능력을 체험하는 것이나 이성적인 생각으로 할 수 있는 작업이 절대 아닙니다.

모세가 이스라엘 백성을 이끌고 애굽에서 탈출하려고 할 때, 하나님은 모세를 통하여 하나님의 권능을 보여주셨습니다. 그리고 그것을 이스라엘 사람들과 애굽 사람들이 함께 보았습니다. 애굽에 하나님의 표적이 계속 나타났지만 애굽 사람들은 변하지 않았습니다. 자신들이 감당할 수 없는 능력이라는 것을 알았지만 그래도 애굽 사람들은 하나님을 섬기려고 하지 않았습니다. 오히려 애굽을 떠나는 이스라엘 백성을 따라가 죽이려고 했습니다.

예수님이 살아 계실 당시에는 어땠습니까? 예수님은 많은 능력을 행하셨습니다. 그러나 그것을 보았던 바리새인들은 변화되지 않았고, 오히려 예수님을 무너뜨릴 함정을 만들었습니다. 또한 바리새인들은 예수님의 지혜로운 말씀을 들으며 예수님을 주님으로 인정한 것이 아니라 오히려 분하게 여겼습니다. 한편 예수님의 능력을 직접 보고 그분의 위대한 말씀을 직접 들었던 수많은 사람들은 예수님이 십자가에서 돌아가실 때 어디에 있었습니까? 이처럼 능력이나 지혜로는 사람을 근본적으로 변화시킬 수 없습니다.

누가 우리를 그리스도의 사랑에서 끊으리요 환난이나 곤고나 박해나 기근이나 적신이나 위험이나 칼이랴(롬 8:35)

로마서를 기록한 바울은 우리를 예수님의 사랑에서 끊을 수 없다고 말합니다. 그것도 극심한 환난과 생명을 위협하는 가운데서도 말입니다. 무엇이 바울에게 이와 같은 확신을 주었을까요? 이것은 바울이 자신의 목숨을 내어주신 예수님의 사랑을 느꼈기 때문에 가능한 것입니다. 예수님의 능력을 단순히 봤다고 해서 자신의 생명을 드리는 사랑을 할 수 있는 것은 아닙니다.

하나님은 우리에게 사랑을 요구하십니다. 그것도 진정한 사랑을 요구하십니다. 그러나 사랑을 강요하지는 않으십니다. 하나님이 먼저 진정한 사랑으로 우리 마음 깊은 곳까지 찾아오십니다. 예수 그리스도를 내어주시고 희생시키시면서 표현하신 그 사랑이 우리의 삶에 근본적인 변화와 하나님에 대한 진정한 사랑을 만들어줍니다. 그리고 우리의 변화와 사랑이 진정으로 일어날 때, 바울과 같이 어떠한 위협에서도 하나님의 사랑을 끊을 수 없고 그분을 향한 우리의 사랑을 끊을 수 없다고 고백하게 되는 것입니다.

따라서 하나님 아버지의 미련한 방법은 하나님이 사람을 강압적으로 대하시는 것이 아니라 인격적으로 대하신다는 의미를 지닙니다. 전능하신 하나님은 그분의 크신 능력과 지혜로 피조물인 인간을 굴복시키지 않으십니다. 우리 하나님은 사람을 힘으로 제압하면서까지 인간의 경배를 받고 싶어 하시는 분이 아닙니다.

하나님이 원하시는 것은 진정한 사랑의 관계

하나님이 원하시는 것은 복종의 모양이 아니라 진정한 사랑의 관계입니다. 누군가 흉기로 사람을 위협하면서 사랑을 고백한다면 그것이 진정한 사랑이겠습니까? 그것은 폭력에 불과한 것입니다. 누군가 자신의 많은 돈을 자랑하면서 사랑을 요구한다면 그것이 진정한 사랑이겠습니까? 그것은 거래에 불과한 것입니다.

아버지이신 하나님은 진정한 사랑으로 사람을 대하십니다. 폭력도, 거래도 아닙니다. 세상 사람들이 '미련하다', '어리석다', '비효율적이다'라고 하는 방법 속에는 인간을 진심으로 사랑하시고, 인격적으로 대하시는 하나님의 마음이 담겨 있습니다.

결국 하나님의 미련한 방법은 인간을 진정으로 사랑하신다는 것을 증명하는 방법이 되고, 그 진정한 사랑은 인간의 인격적이고 근본적인 변화를 일으키는 것이 됩니다.

4장 _ 양을 이리 가운데로 보내시는 사랑

천하보다 귀한 한 영혼

하나님은 인간을 지극히 사랑하십니다. 그래서 잃어버린 한 영혼이 회개하고 하나님의 백성이 되는 것을 정말로 기뻐하십니다. 얼마나 기뻐하시는지 한 영혼을 천하와도 바꾸지 않을 만큼 귀하게 여긴다고 하십니다.

그렇기 때문에 아버지이신 하나님은 자신의 자녀들이 고통 가운데 살기를 원하지 않으십니다. 하나님은 성도들이 평안 가운데, 건강하게, 풍요롭게, 하나님과 기쁨의 교제를 나누며 살기를 원하십니다. 하나님이 그렇게 힘들게 얻은 한 영혼이자 그렇게 사랑하는 자녀가 잘 살기를 원하시는 것은 지극히 당연합니다.

그러나 예수님은 '양을 이리 가운데 보내는 것 같다'라고 표현하시며 예수님이 걸으셨던 고난의 길로 성도들을 보내고 계십니다. 복음을 전하기 위해서 힘든 길이라는 것을 아시면서도 그 길로 성도들을 보내십니다. 예수 그리스도의 희생과 고난을 통해서 생명을 주시고는 다시 죽을 수도 있는 고난의 길로 성도를 보내시는 것입니다. 기껏 살리시고 또 다시 죽이시는 것, 이것은 또 어떤 상황입니까?

생명을 구하기 위한 또 다른 희생

하나님이 구원 받은 성도들을 버리셨기 때문에 그들이 고난당하는 것이 아닙니다. 더 많은 생명을 살리기 위해서 사랑하는 성도들을 보내시는 것입니다. 이것은 하나님께도 결코 쉬운 일이 아닙니다. 마치 예수님을 이 땅에 보내시고 십자가를 지게 하실 때 하늘 아버지께서 함께 힘들어하셨던 것과 마찬가지로 사랑하는 하나님의 자녀인 성도들이 고난의 길을 걷는 것을 보는 것은 하나님의 마음에 큰 아픔입니다.

그러나 이것 역시 하나님의 사랑입니다. 생명을 살리기 위한 하나님의 사랑입니다. 생명을 살리기 위해서는 성도들의 희생적인 사랑이 필요하기 때문입니다. 예수님의 희생이 하나님 아버지의 사랑을 증명하는 것이라면, 성도들의 희생은 예수님을 증명하는 것입니다. 결국 복음을 전하는 성도들의 희생으로 예수님을 증명하고, 예수님의 희생은 하나님 아버지의 사랑을 증명하는 것입니다.

자원하는 희생의 길

한편 하나님이 예수님을 보내실 때, 예수님은 강제로 보내지신 것이 아닙니다. 예수님은 세상을 사랑하시고, 하나님 아버지를 사랑하셔서 자의적으로 이 땅에 오셨고, 십자가의 사명을 감당하셨습니다.

세상으로 보내지는 성도들도 마찬가지입니다. 하나님이 억지로 성도들을 이리 가운데로 집어넣으시는 것이 아닙니다. 아버지이신 하나님의 사랑을 느끼고 하나님 아버지의 소원을 아는 성도들이 자녀의 마음으로 세상을 향해 나아가는 것입니다. 아버지이신 하나님이 잃어버린 영혼들 때문에 슬퍼하시는데, 자녀 된 성도들이 가만히 있어야 되겠습니까? 우리 성도들은 아버지의 슬픔에 함께 슬퍼하고, 아버지의 눈물을 닦아드리는 손이 되어야 합니다. 잃어버린 형제를 찾기 위해 두발 벗고 나서야 합니다. 그래서 아버지가 조금이라도 더 기뻐하실 수 있도록 해드려야 하는 것입니다. 이것이 사랑이고, 이것이 가족입니다.

하나님의 소원을 아는 성도들이 자발적으로 '이리 가운데'로 가는 장면은 힘들고 어려운 고난을 표현한 장면이 아니라 주님을 향한 크나큰 사랑을 표현한 아름다운 장면입니다.

사람이 친구를 위하여 자기 목숨을 버리면 이보다 더 큰 사랑이 없나니(요 15:13).

'사랑'은 이성적으로 이해하는 것이 아닙니다. 누군가 강요한다고 해서 사랑할 수 있는 것도 아닙니다. 사랑은 오직 느껴야 알 수 있는 것입니다. 하나님 아버지의 위대한 사랑을 느껴보십시오. 그리고 아버지의 사랑에 대해 조금이라도 우리의 마음을 표현하기 원한다면 세상의 죽어가는 영혼들을 바라보십시오. 죽어가는 영혼들은 남이 아닙니다. 그들은 우리의 형제입니다. 또한 그 죽어가는 우리 형제를 바라보며 슬퍼하시는 하나님 아버지의 얼굴을 바라보십시오. 그리고 아버지이신 하나님의 소원을 이루어드리는 우리 모두가 되기를 바랍니다.

우리는 생명을 살리기 원하시는 하나님의 소원을 이루어드리는 하나님의 자녀가 되어야 할 것입니다. 그리고 하나님의 소원을 이루어드리는 방법은 세상이 보기에 미련한 방법일 것입니다. 하지만 그것이 아버지이신 하나님의 마음을 전하는 가장 분명한 방법일 것입니다.

새 계명을 너희에게 주노니 서로 사랑하라 내가 너희를 사랑한 것같이 너희도 서로 사랑하라(요 13:34).

열방을 향한 하나님 아버지의 마음 5부

오직 성령이 너희에게 임하시면 너희가 권능을 받고 예루살렘과 온 유대와 사마리아와 땅 끝까지 이르러 내 증인이 되리라 하시니라(행 1:8).

God's Desire

1장 _ 전파하는 자가 없이 어찌 부르리오

믿기만 하면 되는 길

하나님이 예비하신 구원의 길은 주님의 이름을 부르기만 하면 누구나 구원 받을 수 있는 길입니다. 하나님은 지혜로운 자, 부유한 자, 능력 있는 자, 권세 있는 자만을 위한 구원의 길이 아니라 누구든지 예수님을 그리스도로 고백하고 믿기만 하면 구원 받을 수 있는 길을 만들어주셨습니다.

누구든지 주의 이름을 부르는 자는 구원을 받으리라(롬 10:13).

깨달음을 얻기 위해서 수련을 할 필요도 없고, 힘들게 고행을 할 필요도 없습니다. 남을 돕는 선한 일을 하기 위해서 돈이 많아야 할 필요도 없고, 능력이 있을 필요도 없습니다. 오직 예수님을 믿기만 하면 예수님의 대속의 은혜로 모든 죄를 사함 받고 구원을 얻을 수 있습니다.

모르면 믿을 수 없다

이렇게 믿기만 하면 구원을 받을 수 있는데, 이렇게 쉬운 방법에도 문제가 있습니다. 예수 그리스도를 모르면 믿을 수가 없다는 것입니다.

그런즉 그들이 믿지 아니하는 이를 어찌 부르리요 듣지도 못한 이를 어찌 믿으리요 전파하는 자가 없이 어찌 들으리요(롬 10:14).

세상의 모든 사람이 예수님을 알기 위해서는 예수님을 전하는 사람이 반드시 필요합니다. 그래서 성경은 "아름답도다 좋은 소식을 전하는 자들의 발이여"(롬 10:15)라고 전하는 자를 칭송하고 있는 것입니다.

그리스도인들에게 필요한 덕목들이 많이 있습니다. 말씀 공부도 해야 하고, 기도도 많이 해야 합니다. 서로 사랑하며 지내야 하고, 거룩하게 성화되는 모습도 있어야 합니다. 그렇지만 그리스도인들에게 가장 중요한 것은 복음을 전하는 것입니다. 아버지이신 하나님께 생명을 살리는 것보다 급하고 중요한 것은 없기 때문입니다. 우리가 구원 받고 살았다고 여유를 부려서는 안 됩니다. 내가 살았다면 옆에 있는 사람도 어서 살려야 합니다.

생명을 살리는 것이 급선무

우리의 신앙은 생명을 살리는 것에 초점을 맞추어야 합니다. 생명을 살리기 위해서 말씀을 배우고, 생명을 살리기 위해서 기도해야 합니다. 생명을 살리기 위해서 더 많이 모여야 하며, 생명을 살리기 위해서 더 많은 은혜와 은사를 받아야 하는 것입니다. 하나님을 섬기는 성도들이 모인 교회라면 당연히 복음을 전하는 것에, 생명을 살리는 것에 초점을 맞추어야 합니다.

요즘은 문화생활이나 인맥 관리를 위해서 교회 다니는 사람도 있다고 합니다. 그러나 교회는 성도의 만족을 위해서, 아니면 복을 받기 위해서 다니는 곳이 아닙니다. 교회는 생명을 살리는 곳입니다. 더 많은 생명을 살리기 위해 존재하는 것, 이것이 교회의 존재 목적이자 사명입니다. 왜냐하면 아버지이신 하나님이 가장 관심을 가지고 계신 부분이 바로 생명을 살리는 것이기 때문입니다.

하나님은 더 많은 생명을 살리기 원하십니다. 이것은 아버지이신 하나님께 매우 중요한 일이며, 매우 급한 일입니다. 그리고 이렇게 중요하고 급한 사명을 교회에 맡기셨습니다. 그러므로 교회는 하나님이 가장 중요하게 생각하시는 그 일을 감당해야 합니다.

우리 몸에는 수많은 혈관이 있고 그 혈관에는 피가 흐르고 있습니다. 그런데 우리 몸 어느 곳에 있는 혈관이든지 그곳에 흐르는 피는 결국 우리 몸의 심장을 향하게 되어 있습니다. 교회의 심장은 바로 '생명을 살리는 것'입니다.

그래서 각각의 사역이 저마다 다른 형태를 지니고 있을지라도 결국에는 생명을 살리는 것으로 향해야 합니다. 성도 한 사람 한 사람이 교회에서 맡은 역할이 다르고 하는 일이 다를지라도 그 모든 것이 생명을 살리는 일로 향해야 하는 것입니다.

주차장에서 봉사하는 분도 있고, 보이지 않는 곳에서 성전을 청소하는 분도 있으며, 성가대에서 찬양하는 분도 있습니다. 각기 그 모양과 처한 곳은 다릅니다. 그러나 그 어느 곳에서 어떤 모습으로 하나님을 섬기든지 간에 우리의 궁극적인 목적은 생명을 살리는 것이 되어야 합니다.

2장 _ 제한된 시간

다가오는 종말

아버지이신 하나님은 이 땅의 모든 사람을 살리기 원하십니다. 모든 사람이 하나님의 자녀이기 때문입니다. 어느 한 명도 포기할 수 없는 하나님의 자녀이기 때문입니다. 지금도 아버지이신 하나님은 한 명이라도 더 많은 생명을 살리기 위해서 애쓰고 계십니다. 그리고 그 생명을 살리기 위해서 이미 구원 받은 성도들을 끊임없이 보내고 계십니다.

그런데 한 가지 커다란 문제가 있습니다. 그것은 시간이 한정되어 있다는 사실입니다. 우리가 전할 수 있는 시간은 한정되어 있고, 그 시간 안에 최대한 많은 영혼을 살려야 합니다. 우리에게 주어진 시간이 무한하다면 아버지이신 하나님도 그렇게 급하지는 않으실 것입니다. 그러나 우리에게 주어진 시간이 무한하지 않기 때문에 하나님의 마음이 급하신 것입니다.

우리가 복음을 전할 수 있는 시간적 한계는 주님이 다시 오시기 전까지입니다. 요한계시록 22장 20절에서 예수님은 "내가 진실로 속히 오리라"고 말씀하셨습니다. 대부분의 성도들은 예수님이 속히 오신다는 것을 알고, 그날이 도적같이 온다는 것도 알고 있습니다.

그러나 그것을 우리 삶에서 현실적으로 인식하며 사는 성도들은 그렇게 많지 않습니다. 물론 예수님이 오시겠다고 하신 후에 이미 2천 년 정도의 시간이 지난 것도 사실입니다. 그래서인지 많은 성도들이 예수님 오실 날에 대해 너무 무감각하게 느끼는 경향이 있습니다. '어제도 안 오셨고 오늘도 안 오셨으니까 내일도 안 오실 것이다' 라고 생각하는 귀납법적 오류에 빠진 것입니다.

하지만 하나님은 한 번 하신 말씀을 반드시 이루시는 분이십니다. 예수님이 이 땅에 다시 오실 날은 하나님의 시간 속에서는 이미 정해진 시간입니다. 비록 우리가 '그 때'를 정확히 알지 못한다 할지라도, '그 때'가 계속 다가오고 있다는 것은 엄연한 사실입니다.

그러나 그 날과 그 때는 아무도 모르나니 하늘의 천사들도, 아들도 모르고 오직 아버지만 아시느니라(마 24:36).

'그 때'가 지나면 아무리 열정이 있고 전할 능력이 있다고 해도 더 이상 생명을 구할 수 있는 길이 없습니다. 그 후에는 심판만 있고, 다시는 기회가 주어지지 않습니다. 이것이 하나님의 마음을 급하게 하는 이유입니다. 이렇게 우리에게 다가오고 있는 '그 날'은 성도들에게는 구원의 날이겠지만, 믿지 않는 자들에게는 심판의 날로 다가올 우주적 종말입니다.

믿지 않는 수많은 자녀들에게 다가오고 있는 종말을 바라보는 아버지이신 하나님의 마음을 누가 알겠습니까? 이것은 구원 받은 성도, 즉 하나님을 사랑하는 하나님 아버지의 자녀 외에는 알 수가 없는 것입니다. 따라서 그것을 이해하는 성도라면 아버지이신 하나님을 위해서 조금이라도 더 복음을 전하려고 노력해야 할 것입니다.

개인적 종말

아버지이신 하나님의 마음을 급하게 만드는 또 다른 종말이 있습니다. 그것은 바로 개인적 종말입니다. 우주적 종말은 모든 영혼이 하나님 앞에 서야 하는 역사적 사건을 말합니다. 그런데 개인적 종말은 예수님이 이 땅에 오시는 시간이 아니라 인간이 하나님께 돌아가는 죽음을 의미합니다. 우주적 종말은 예수님이 승천하신 이후에 약 2천 년이 지났지만 아직 오지 않았습니다. 그러나 개인적인 종말은 지금도 누군가에게는 계속 일어나고 있습니다.

개인적 종말도 우주적 종말과 크게 다르지 않습니다. 개인적 종말도 언제 올지 모르는 일입니다. 여기서도 우리가 범하는 귀납법적 오류가 있을 수 있습니다. '어제도 살았고 오늘도 살았으니까 내일도 잘 살 것'이라고 생각하는 것입니다. 그러나 개인적 종말도 도적같이 갑자기 올 수 있습니다. 또한 우주적 종말과 같이 죽음 이후에는 더 이상의 기회가 없습니다. 우리는 '오늘 못 전하면 내일 전하지'라고 하며 미룰지도 모릅니다. 그러나 어떤 사람에게는 다시는 그런 기회가 없을 수도 있습니다.

종말이 언제 다가올지는 모르지만, 개인적 종말이든 우주적 종말이든 그 시간이 점점 다가오고 있다는 것은 부인할 수 없는 사실입니다. 또한 종말 뒤에 예수님을 믿지 않는 자녀들에게 찾아올 영원한 죽음도 부인할 수 없는 사실입니다.

그들을 보시는 아버지 하나님의 마음이 얼마나 애통할지 생각해보기 바랍니다. 그들은 바로 하나님의 자녀입니다.

3장 _ 아버지의 슬픔을 느끼지 못하는 이유

저 사람은 내 형제가 아니다?

대부분의 성도들은 이미 하나님이 우리의 아버지 되신다는 것과 다가오는 종말 앞에서 복음을 전해야 한다는 것을 알고 있습니다. 그럼에도 불구하고 아직도 많은 성도들이 죽어가는 영혼들을 보시며 애통해하시는 아버지이신 하나님의 마음을 느끼지 못하는 것 같습니다. 왜 그럴까요?

첫째는 죽어가는 영혼을 제3자로 인식하기 때문입니다. 하나님이 나를 사랑하셨고 나를 구원해주셨으니 하나님께 내 마음만 드리면 된다고 생각하는 것입니다. 다른 사람이 구원 받지 못한 것은 그 사람과 하나님 간의 문제로 인식하는 것입니다.

그러나 하나님은 "내가 너희를 사랑한 것같이 '나를' 사랑하라"고 말씀하시지 않으셨습니다. 하나님은 "내가 너희를 사랑한 것같이 '너희도 서로' 사랑하라"고 말씀하셨습니다.

또 예수 그리스도를 통해서 전해주신 희생과 사랑을 이웃들에게 나누라고 말씀하십니다. 구원의 감사를 하나님께 갚아야 하는 것뿐만 아니라, 아직 구원 받지 못한 우리의 형제에게도 갚아야 하는 것입니다. 따라서 우리가 받은 예수님의 사랑을 우리의 이웃에게 반드시 전해야 합니다. 그것이 하나님이 성도들에게 원하시는 모습입니다.

진짜 사랑이 아니다?

둘째는 하나님을 정말로 사랑하는 것이 아니기 때문일 수 있습니다. 하나님과 나와의 이해관계만을 계산해서 신앙생활 하는 사람들은 굳이 복음을 전해야할 필요성을 느끼지 못할 것입니다.

이러한 성도들은 '내가 신앙생활 잘 하면 하나님께 구원도 받고, 건강, 물질, 범사의 축복도 받을 수 있다' 고 생각합니다. 그들은 자기가 잘되기 위해서 하나님께 잘 보이려고 합니다. 그래서 예배도 열심히 드리고, 기도도 열심히 합니다. 물론 헌금도 잘 할 것입니다. 하나님께 더 많이 받을 수 있다고 생각하기 때문에 그 정도는 할 수 있습니다. 이런 성도들에게 전도는 그다지 중요한 것이 아닙니다. 이들에게는 하나님의 마음을 알고자 하는 의지도, 그 마음의 소원을 이루어드리려는 열심도 없습니다. 왜냐하면 그들의 종교적 헌신은 하나님의 마음을 알고자 하고 하나님을 기쁘시게 하려는 것이 아니라, 그저 자신이 원하는 바를 얻으려는 것이기 때문입니다.

이런 성도들은 하나님을 정말로 사랑하는 사람들이 아닙니다. 자신이 무엇을 받을 것인가에 대해서만 관심이 있는 사람은, 그가 아무리 '하나님을 사랑한다' 고 고백해도 그것은 사랑이 아닌 것입니다. 받을 것을 위해서 무언가를 드리는 것은 투자일 뿐입니다.

그러나 하나님 아버지를 사랑하는 사람은 하나님 아버지의 마음이 우선입니다. 아버지께서 기뻐하시는 것, 아버지께서 원하시는 것, 그리고 아버지께서 걱정하시는 것을 생각합니다. 그래서 하나님 아버지를 사랑하는 사람은 하나님이 가장 원하시는 것, 죽어가는 생명을 살리는 것에 힘쓸 것입니다.

잃은 아들을 되찾은 아버지, 그리고 큰아들

누가복음 15장 11-32절에는 '잃은 아들을 되찾은 아버지의 비유' 가 나옵니다. 내용을 간단히 정리하면, 둘째 아들이 아버지의 유산을 미리 받아 외국으로 가서 모두 탕진하고 많은 고생을 한 후에 아버지에게 돌아옵니다. 그동안 아버지는 아들을 걱정하고 있었고, 돌아오기만을 기다리고 있었습니다. 아들은 재산을 탕진하고 돌아온 것이 너무 부끄러웠습니다. 그러나 아버지는 개의치 않으시고 뛰어가서 그 아들을 맞아들였습니다. 그리고 좋은 옷을 입히고, 가락지를 끼우고, 소를 잡고 잔치를 열었습니다. 우리는 '잃은 아들을 되찾은 아버지 비유' 에서 아들이 재산을 탕진한 것과 상관없이 살아서 돌아온 것 자체를 기뻐하는 아버지의 모습을 볼 수 있습니다.

이와 마찬가지로 아버지이신 우리 하나님도 죽어가는 영혼들을 바라보시며 돌아오기만을 기다리고 계십니다. 만약 그들이 돌아온다면 '잃은 아들을 되찾은 아버지 비유'에 나오는 아버지보다 더 기뻐하실 것입니다.

그런데 나누고 싶은 인물이 한 명 더 있습니다. '잃은 아들을 되찾은 아버지 비유'에 나오는 큰아들입니다. 큰아들은 동생이 돌아온 것을 보며 기뻐하지 않았습니다. 오히려 아버지가 재산을 탕진하고 돌아온 동생에게 잔치를 베풀어준다고 섭섭해 합니다.

큰아들은 왜 그렇게 행동했을까요? 큰아들은 동생의 일에 관심을 갖지 않았습니다. 동생이 자기 몫의 재산을 가지고 나갈 때도 무관심했고, 또 동생이 나가서 고생한다는 것을 알면서도 찾아가서 도와주지 않은 것을 보면, 동생의 일을 제3자의 일이라고 생각했던 것 같습니다. 동생은 어떻게 되든지 아버지와 자신의 관계에서 자신이 받을 것만 생각했습니다. 그렇기 때문에 동생이 돌아온 것에 기뻐하기는커녕 동생에게 베풀어준 잔치를 보고 섭섭해 하는 것입니다. 아버지가 그동안 얼마나 동생을 걱정했는지, 지금 얼마나 기뻐하는지에 대해서는 별로 관심이 없습니다.

큰아들이 바라보는 아버지는 사랑의 대상이 아니었습니다. 아버지의 마음에 대해서는 아무런 관심이 없었습니다. 오직 아버지로부터 받을 것을 계산하고 있었을 뿐입니다.

만일 큰아들이 정말 아버지를 사랑했다면 이 이야기의 내용은 전혀 달라졌을 것입니다. 먼저 날마다 동생을 걱정하는 아버지를 보며 큰아들은 같이 걱정했을 것이고, 아버지를 위로했을 것입니다. 그리고 걱정하는 아버지를 대신해서 자신이 동생을 찾아오겠다고 했을 것입니다. 동생을 찾아 집으로 돌아와 아버지와 함께 기쁨으로 잔치에 참여했을 것입니다.

잃어버린 영혼을 향한 하나님의 마음

하나님이 모든 인류의 아버지가 되신다면 죽어가는 영혼을 바라보는 그 아버지의 고통과 걱정이 얼마나 클지는 누구나 알 수 있을 것입니다. 그리고 아버지이신 하나님이 생명을 살리는 것을 얼마나 원하시는지도 쉽게 알 수 있을 것입니다. 또한 하나님과 이해관계를 따지거나 무언가를 얻어갈 것만 생각하는 사람이 아니라 정말 하나님을 사랑하는 사람이라면, 우리의 모습이 어때야 하는지 쉽게 알 수 있을 것입니다.

과연 아버지이신 하나님의 마음에 무엇이 최우선순위이겠습니까? 자녀를 살리는 것보다 더 중요한 것, 더 원하시는 것이 무엇이 있겠습니까? 그리고 그 자녀들을 살릴 수 있는 시간이 한정되어 있고 종말이 다가오고 있다면 그보다 더 하나님의 마음을 급하게 하는 것이 무엇이 있겠습니까? 이제 성도들은 아버지이신 하나님이 무엇을 원하시는지, 또 우리가 무엇을 하기를 원하시는지 알아야 합니다.

우리가 정말 하나님께 은혜를 받았고 구원을 받았다면, 우리가 정말 하나님을 사랑한다면 이제 아버지이신 하나님이 바라보시는 그 영혼들에게 우리가 더 관심을 가져야 합니다. 우리의 삶에 함께하고 있는, 그러나 복음을 알지 못하는 자들에게 우리가 하나님을 대신해서 아버지이신 하나님의 사랑과 예수 그리스도의 복음을 전해야 합니다.

내 이웃에게든, 열방에게든 그곳에 하나님이 찾으시는 자녀들이 있다면 복음을 전하려는 자가 더 많이 일어나야 합니다. 그리고 그 복음은 반드시 전해져야만 합니다.

또한 그 복음을 전하려는 자라면, 그는 '큰아들'처럼 하나님과 이해관계에 있는 사람이 아니라, 분명 아버지이신 하나님을 사랑하고 하나님의 마음을 아는 자일 것입니다.

4장 _ 성령이 너희에게 임하시면

악한 세상에서 복음을 전하려면

이제는 신앙생활의 초점이 아버지이신 하나님이 원하시는 것에, 생명을 살리는 것에 맞추어져야 합니다. 그래서 성도들은 복음을 전하기 위해서, 생명을 살리기 위해서 노력해야 합니다. 또 직접 전하는 것뿐만 아니라 복음이 전해지는 데 도움이 되는 일을 해야 합니다. 그러나 우리가 사는 세상은 복음을 전하기에 수월한 세상이 아닙니다. 이 세상은 악한 영들이 지배하는 세상이며, 대부분의 사람들은 예수님을 부인하며 세상에 속한 채 살아가고 있습니다.

이런 세상에서 복음을 전하는 것은 쉬운 일이 아닙니다. 또한 우리는 세상이 원하는 지혜의 말이나 놀라운 능력이 아니라 그들이 꺼려하는 예수 그리스도의 십자가와 하나님의 사랑을 전해야 합니다. 즉, 사람들이 꺼려하는 복음을 악한 영들의 방해 속에서 전해야 한다는 것입니다.

이런 상황에서 복음 전파가 쉽다고 말할 수는 없을 것입니다. 그렇지만 하나님은 우리에게 복음을 전할 수 있는 힘을 주셨습니다. 성도들이 개인적인 힘과 능력으로 일하는 것이 아니라 성령님과 함께 성령님의 능력으로 복음을 전하게 하신 것입니다. 그래서 예수님은 부활하신 후 승천하시기 전에 마지막으로 이런 말씀을 하셨습니다.

오직 성령이 너희에게 임하시면 너희가 권능을 받고 예루살렘과 온 유대와 사마리아와 땅 끝까지 이르러 내 증인이 되리라 하시니라(행 1:8).

이 말씀은 성령님이 임하시면 권능 가운데 예수 그리스도의 증인이 되고, 땅 끝까지 복음을 전하게 된다는 말씀입니다.

우리는 우리의 능력이나 노력으로 복음을 전할 수 없습니다. 우리의 치밀한 계획과 뜨거운 열정도 악한 영들의 방해를 이겨낼 수 없기 때문입니다. 오직 성령의 능력으로만 복음을 전하는 사명을 감당할 수 있습니다. 강퍅한 사람들의 마음을 녹이는 것도, 사탄의 권세 아래 단단히 묶여 있는 자들을 자유케 하는 것도 오직 성령의 능력으로만 가능합니다. 그래서 복음 전파에 있어서 성령의 능력을 덧입는 것은 절대적으로 중요합니다.

성령님에 대한 오해

하지만 어떤 성도들은 개인의 영적 만족을 위해 성령의 충만을 받으려고 합니다. 어떤 성도들은 성령의 충만을 받으면 하나님의 복을 더 쉽게 받는다고 생각하기도 합니다. 둘 다 완전히 틀린 말은 아니지만 그것이 성령 충만을 받는 근본적인 이유는 아닙니다.

성령님을 오해하지 마십시오. 성령님은 우리가 개인적으로 마음대로 사용하는 힘이나 능력이 아닙니다. 성령님은 옛날에 임금이 암행어사에게 내렸던 마패와 같은 권능의 상징이 아니라는 것입니다.

성령님은 하나님이십니다. 우리가 찬양해야 하고, 경배해야 하고, 순종해야 하는 하나님이십니다. 결론적으로 성령님이 우리 가운데 오신 가장 근본적인 이유는 성도들이 권능을 받고 예수 그리스도의 증인이 되게 하시는 것입니다.

성령님은 우리를 증인이 되게 해주십니다. 하나님이 원하시는 증인은 나에게 오는 사람을 만나는 소극적인 증인이 아닙니다. 적극적으로 찾아가서 복음을 전하는 증인입니다. 그래서 성령님이 임하시면 예루살렘을 다니게 하시고 온 유대 땅을 다니게 하십니다. 또한 유대인들이 절대로 갈 수 없을 것 같은 사마리아에도 주저함 없이 가게 하시고, 무엇이 있는지 어떤 위험이 있는지 누가 있는지도 모르는 땅 끝까지 이르러 예수 그리스도의 증인이 되게 하십니다.

적극적으로 찾아가서 전하라

우리는 성령님의 일하심 속에서 하나님 아버지의 마음을 엿볼 수 있습니다. 하나님은 앉아서 찾아오는 사람에게만 전하실 상황이 아니십니다. 아버지이신 하나님은 자녀들을 살릴 시간이 많지 않으십니다. 그 급한 마음을 가지고 계시기 때문에 소극적인 전도가 아니라 적극적으로 찾아가서 전하기를 원하십니다. 그리고 성령님께서 그것이 가능하도록 만들어주십니다.

이것은 비단 사도들에게만 해당되는 말이 아닙니다. 이 시대에 성령님을 사모하고 성령 받기를 사모하는 자들, 그리고 성령을 받았다고 하는 자들에게도 동일하게 적용되는 말입니다.

만일 여러분이 성령 충만을 받기 원한다면, 하나님께 복음을 전하는 증인이 될 것을 기도하십시오. 그리고 생명을 살릴 수 있는 권능을 달라고 기도하십시오. 그렇다면 아버지이신 하나님께서 하나님 자신의 소원을 이루시기 위해서 성령을 선물로 주실 것입니다. 그리고 여러분이 성령을 받으셨다면 그것은 아버지이신 하나님이 복음을 전하고 생명을 살리라고 주신 것입니다. 그러므로 성령님과 함께 증인의 삶을 살아야 하는 것입니다.

아버지이신 하나님은 성도들을 고아와 같이 버려두지 않으시고, 성령님을 보내주셨습니다. 그 성령님과 함께 이 세상에서 하나님의 자녀로 살아가야 합니다. 그리고 성령님과 함께 증인의 삶을 살아야 합니다. 그리스도인으로 겨우 살아가는 모습이 아니라, 성령님의 권능을 가지고 적극적인 증인의 모습으로 살아야 합니다. 비록 그곳이 땅 끝이라도 죽어가는 하나님의 자녀가 있는 곳이라면 우리가 나아가야합니다. 이것이 바로 아버지이신 하나님의 소원을 이루는 길이 될 것입니다.

5장 _ 생명을 살리는 중보기도

아버지의 소원을 이루기 위한 다양한 방법

아버지이신 하나님은 죽어가는 자녀들을 살리기 원하십니다. 그리고 성도들이 그들에게 나아가기를 원하십니다. 그러나 현실적으로 모든 사람이 다 나아갈 수는 없습니다. 왜냐하면 하나님이 각자에게 주신 역할이 다르기 때문입니다.

어떤 사람은 선교지로 부름 받은 사람이 있는가 하면, 어떤 사람은 선교사들을 보내는 것으로, 어떤 사람은 교회 안에서 봉사하는 것으로, 또 어떤 사람은 자신의 문화권 안에서 복음을 전하는 것으로 부름 받은 사람도 있습니다.

하나님 아버지의 소원은 생명을 살리는 것 하나이지만, 그 목표를 위해서 한 가지 부류의 사람만을 필요로 하는 것은 아닙니다. 사도행전 13장에 사도 바울을 파송한 안디옥 교회가 나옵니다. 그곳에는 선지자가 있었고, 교사도 있었습니다. 그리고 바나바와 바울이 있었습니다.

다 사도이겠느냐 다 선지자이겠느냐 다 교사이겠느냐 다 능력을 행하는 자이 겠느냐 다 병 고치는 은사를 가진 자이겠느냐 다 방언을 말하는 자이겠느냐 다 통역 하는 자이겠느냐(고전 12:29-30).

안디옥 교회는 복음을 전하는 것이 중요하다는 것을 알았지만 모든 성도가 다 선교사가 되지는 않았습니다. 안디옥 교회의 성도들은 성령님의 지시에 따라 바울과 바나바를 선교사로 세우고 그들을 위해 금식하고 기도했습니다. 이후 그들에게 안수하고 파송함으로 선교 사역에 함께 동참했습니다.

주를 섬겨 금식할 때에 성령이 이르시되 내가 불러 시키는 일을 위하여 바나바와 사울을 따로 세우라 하시니 이에 금식하며 기도하고 두 사람에게 안수하여 보내니라(행 13:2-3).

나가는 것만큼이나 뒤에서 싸우는 싸움도 중요하다

복음을 들고 나아가는 것도 중요합니다. 하지만 그들을 위해서 금식하며 기도하는 파송자의 역할도 매우 중요합니다. 우리가 복음을 전해야 할 세상은 악한 영들이 지배하는 세상이며, 생명을 살리는 것은 악한 영들의 영토를 침범하여 빼앗는 것입니다.

우리의 씨름은 혈과 육을 상대하는 것이 아니요 통치자들과 권세들과 이 어둠의 세상 주관자들과 하늘에 있는 악의 영들을 상대함이라(엡 6:12).

이 말씀은 우리가 상대해야 할 대상을 분명히 밝히고 있습니다. 그것은 그리스도인들을 핍박하는 자들도 아니고, 다른 종교를 믿는 사람도 아닙니다. 바로 악한 영입니다. 그런데 악한 영을 상대할 수 있는 것은 이성도, 무력도 아닌 오직 기도뿐입니다. 이것이 바로 영적전쟁입니다. 이런 영적전쟁에서는 직접 선교지에서 사역하는 선교사뿐만 아니라 중보기도로 영적전쟁을 지원하는 사람들도 필요합니다. 중보기도는 영적인 보급의 역할을 담당하는 것입니다.

전쟁에서 보급은 화려하게 보이는 것은 아니지만 오히려 이것이 전쟁의 승부를 결정짓는 요소가 됩니다. 이와 마찬가지로 중보기도도 화려하게 보이지는 않지만 영적전쟁에서 매우 중요한 역할을 수행하는 것입니다.

그래서 무엇보다도 중요한 것이 성령 충만함으로 선교지를 위해서 중보하는 것입니다. 우리의 기도는 항상 하나님 아버지의 역사를 만들어냅니다. 특히 성령 충만함으로 하는 기도는 더 큰 역사를 이룹니다. 비록 중보자들이 그 열매를 보지는 못할 수도 있지만, 분명히 성령 충만한 기도는 하나님의 소원을 이루어드리는 가장 큰 힘이 될 것입니다.

생명을 살리기 위한 우리의 중보기도는 결코 헛된 것이 아니며, 결코 작은 일이 아닙니다. 우리가 성령 충만함으로 중보한다면 하나님의 소원인 생명을 살리는 역사가 반드시 이루어질 것입니다.

6장 _ 하나님 아버지의 소원

하나님의 마음을 아신 예수님

우리를 창조하신 하나님, 그 하나님은 단순히 위대하신 창조주에 그치지 않으십니다. 하나님은 오히려 '아버지'라고 불리기를 원하십니다. 예수님도 하나님을 '우리 아버지'(마 6:9)라고 가르쳐주셨습니다. 하나님은 '하늘에 계신 우리 아버지'이십니다.

예수님을 믿는 자든지 믿지 않는 자든지 우리 모두는 하나님의 자녀입니다. 아버지이신 하나님은 우리 모두가 이 땅에서 건강하게, 행복하게, 평안하게 잘 사는 것을 원하십니다.

그러나 죄로 인해 모든 사람이 죽게 되었고, 죽어가는 자녀를 보며 아버지이신 하나님은 너무나 슬퍼하셨습니다. 그 아버지의 마음을 독생자이신 예수 그리스도께서 아셨습니다. 그리고 예수님은 그 하나님의 소원을 이루어드리기 위해서 이 땅에 오셨고, 하나님의 소원을 이루실 길을 만들어주셨습니다.

이제는 우리가 알아야 한다

이제는 예수님을 통해 구원을 얻은 성도들이 아버지이신 하나님의 마음을 알아야 합니다. 자녀가 죽음 가운데 있는데 무엇이 눈에 들어오겠습니까? 아버지이신 하나님께 죽어가는 생명을 살리는 것보다 중요한 것은 아무것도 없습니다.

특히 아버지이신 하나님께는 '상처 난 손가락' 과 같은 자녀들이 있습니다. 바로 죄악 가운데 죽어가는 죄인, 누군가의 도움이 없으면 살아가기 힘든 사회적 약자, 특히 복음을 접할 기회가 없는 사람들입니다. 하나님은 이들을 더욱 걱정하십니다. 그래서 아버지께서는 이러한 사람들에게 복음을 통한 생명이 전해질 수 있도록 성도들을 부르고 계십니다.

지금까지 하나님의 소원에 대해서 함께 나눴습니다. 이제 우리가 아버지이신 하나님의 마음을 알았다면, 우리의 신앙생활의 방향은 더욱 분명해질 것입니다. 자기중심적인 신앙생활에서 아버지 중심적인 신앙생활로 바뀔 것입니다. 그리고 자연스럽게 땅 끝까지 이르러 생명의 복음을 전하는 하나님 아버지의 자녀가 될 것입니다.

죽어가는 우리의 형제들을 살릴 수 있는 길은 오직 예수 그리스도뿐입니다. 그리고 우리 성도들이 아니면 형제들에게 생명의 복음을 전할 사람이 없습니다.

우리가 형제들의 생명을 살리기 원한다면 아버지께서는 성령님을 보내주실 것입니다. 그리고 성령님은 우리와 함께하시며, 우리에게 힘과 권능을 주실 것입니다. 그리고 결국에는 우리의 발걸음을 통해서 생명을 살리시려는 아버지의 뜻이 반드시 이루어질 것입니다.

한 생명도 포기하지 않으시는 좋으신 하나님

하나님은 좋으신 하나님이십니다. '나'의 말을 잘 들어주셔서 좋으신 하나님이 아니라, 한 생명도 포기하지 않으시기 때문에 좋으신 하나님입니다. 그리고 '나'를 잘 도와주셔서 좋으신 하나님이 아니라, 생명을 살리는 곳에 부족한 '나'를 사용하시기 때문에 좋으신 하나님이십니다.

기억하십시오. 우리 하나님은 좋으신 우리 아버지이십니다. 그리고 생명을 살리는 것, 이것이 하나님 아버지께서 가장 원하시는 소원입니다.

부록 : 친근한 중동

들어가는 말

중동, 이슬람, 아랍…. 이런 단어를 들으면 여러분은 어떤 이미지가 가장 먼저 떠오릅니까? 아마도 전쟁과 테러와 같은 부정적인 이미지가 대부분일 것입니다. 이것은 우리가 이슬람에 대해 아는 바가 거의 없을 뿐만 아니라 언론매체를 통해서 접하는 이슬람에 대한 정보가 대부분 전쟁과 테러이기 때문일 것입니다.

특히 9.11 테러 이후에 이슬람에 대한 두려움이 미국뿐만 아니라 전 세계적으로 확산되었습니다. 2004년 이라크에서 발생한 고(故) 김선일씨 살해 사건과 2007년 아프가니스탄의 피랍 사건을 계기로 우리나라에서는 이슬람의 대한 두려움을 넘어서 이슬람에 대한 분노까지 생겨났습니다.

세계 여러 나라들은 이슬람 국가의 사람들이 자국으로 들어오려고 할 때 보안 검색을 강화하기도 하고, 중동에서 왔다는 이유만으로 '혹시 테러리스트가 아닌가?' 하는 의심을 하기도 합니다. 심지어 중동 국가 출신의 기독교인들조차 같은 의심을 받기도 합니다. 이렇게 이슬람을 적대시하는 태도는 결국 무슬림과 기독교인이 더욱 멀어지게 하

움미야드 모스크

고 서로를 더욱 증오하게 만듭니다.

　그러나 우리가 알아야 할 사실은 무슬림도 우리 기독교인들의 기도가 필요한 '우리의 형제'라는 사실입니다. 결국 두려움과 분노가 우리의 눈을 가려 무슬림이 우리의 기도와 복음을 가장 필요로 하는 사람들이라는 사실을 망각하게 하고 있음을 알 수 있습니다.

　하나님은 우리가 형제를 사랑하기를 원하십니다. 예수님은 원수까지도 사랑하라고 말씀하셨습니다. 그것은 상대의 조건이나 상태와는 상관없이 사랑해야 한다는 뜻입니다. 그래서 우리 기독교인들은 무슬림도 사랑해야 하는 것입니다.

물론 많은 사람들은 이렇게 항변할 것입니다.

"무슬림은 테러와 전쟁을 일으키는 사람들이야."

"자신들의 목적을 위해서 죄 없는 사람들까지 죽이는 사람들이야."

"그들은 우리의 사랑을 받을 자격이 없는 사람들이야."

그러나 그들을 사랑하지 못하는 것은 그들의 잘못이 아니라 우리의 잘못입니다. 왜냐하면 하나님은 그들이 아니라 우리에게 "사랑하라"고 말씀하셨기 때문입니다.

따라서 우리는 하나님의 말씀을 따라 그들을 사랑해야 합니다. 그런데 두려움과 증오를 넘어 그들을 사랑하는 것이 과연 가능할까요?

무지(無知)는 오해와 편견을 낳고, 오해와 편견은 두려움을 낳습니다. 결국 두려움의 가장 깊은 곳에는 무지와 낯설음이 있는 것입니다. 그들을 사랑하기 위해서는 가장 먼저 그들에 대한 무지와 낯설음을 극복하고 두려움과 분노를 떨쳐내야 합니다.

저는 시리아와 요르단에서 생활하면서 한국과 전혀 다른 문화권 사람들의 생활 방식과 가치관에 당황한 적도 있지만, 그곳에서 사는 사람들이 우리와 비슷한 점이 많다는 것에서 흥미를 느꼈습니다. 왜냐하면 문화 때문에 충격을 받을 것이라는 예상은 했지만, 우리와 비슷할 것이라고 전혀 예상하지 못했기 때문입니다.

여기에서는 시리아와 요르단에서 경험한 '우리와 비슷한 무슬림의 모습'에 대해 이야기하려 합니다. 물론 이슬람 세력에 의한 테러나 전쟁에 대해서 옹호하려는 것은 아닙니다. 또한 그들이 정치적 목적에 종교적 열정을 잘못 사용하고 있는 것도 사실입니다. 그러나 우리가 조금 더 관심을 가지고 그들을 본다면 그들을 위해서 좀 더 기도할 수 있는 마음의 여유가 생길 것입니다.

제가 중동의 모든 나라를 다 경험한 것이 아니기 때문에 "모든 중동이 다 이렇다"라고 말하기는 어렵습니다. 다만 제가 경험한 시리아나 요르단을 중심으로 이곳에서 느꼈던 우리 문화와 친근한 몇 가지 모습들을 나누고자 합니다.

1. 정(情)

서양인들이 이해하기 힘든 한국인의 독특한 정서가 몇 가지 있습니다. 그중에서 대표적인 것이 정(情)이 아닐까 생각합니다. 정(情)이 무엇이냐고 물어본다면 딱히 '무엇이다' 라고 말하기는 힘들지만, 한국

베두인 가족

인들이라면 그 느낌이 무엇이고 무엇을 말하는지 알 것입니다.

물론 현대의 한국은 서구화된 사회 시스템과 자본주의의 영향으로 정(情) 문화가 많이 퇴색되었습니다. 그래도 여전히 사람들은 정(情)이란 단어를 생각만 해도 따뜻하고 푸근한 인상을 갖습니다.

우리와 친근한 중동의 모습을 이야기할 때 가장 먼저 생각나는 것이 바로 정(情)입니다. 시리아에서 많은 사람들을 만났습니다. 흔히들 "사람 사는 냄새가 난다"는 표현을 하는데 그곳 사람들에게서도 사람 사는 냄새가 났습니다.

저는 그들에게 낯선 사람이고 이방인임에도 불구하고 그들이 저를 대하는 태도에서 멀게만 느껴졌던 중동, 너무도 이질적이라 생각했던 무슬림으로부터 정(情)을 느꼈습니다. 마치 한국의 도시에서만 생활하며 자랐던 제가 시골 여행길에서 만난 어느 할머니에게 느꼈던 따뜻한 감정과도 흡사했습니다.

이런 중동의 모습은 뉴스에서는 결코 볼 수 없는 풍경일 것입니다. 그러나 이곳에 살고 있는 사람이라면 어렵지 않게 경험할 수 있는 모습들입니다. 예를 들어 몇 가지 나누어보겠습니다.

차(茶) 대접

시리아에서는 어느 곳을 가던지 간에 차(茶)를 대접 받습니다. 그들은 주로 홍차나 터키식 커피를 대접합니다. 우리가 마시는 차와 조금 다른 것은 설탕을 훨씬 더 많이 넣는다는 것입니다. 그래서 차의 향과

맛은 거의 느낄 수 없고, 설탕 맛만 납니다.

원래 커피는 이슬람을 통해 세계로 퍼지게 되었습니다. 가루를 직접 끓여 마시는 터키식 커피는 이슬람 전통 커피 추출법으로, 한국 사람이 마시기에는 그 맛이 너무 강할 수 있습니다. 물론 마시다 보면 나름 괜찮은 맛을 느낄 수 있게 됩니다.

한국에서 차는 특별한 의미를 지니고 있습니다. 우리가 마시는 차에는 어디서나

알레포 성앞에서 차를 파는 사람

쉽게 마실 수 있는 인스턴트커피를 비롯해서 고급 커피 전문점에서 즐기는 커피나 역사와 다도를 가지고 있는 전통 차까지 다양한 종류가 있습니다. 물론 단순히 맛과 향으로 차를 즐기는 사람들도 많이 있습니다만 차는 단순히 음료로서의 의미만 있는 것이 아닙니다.

차는 사회적, 문화적인 의미까지 담고 있습니다. 업무, 친목 도모, 연애 등등 차는 우리가 사는 사회에서 인간관계의 매개체 역할을 담당하고 있는 것입니다.

그 때문에 우리나라에서는 아무런 인간관계 없고, 어떤 목적도 없는 관계에서 차 한 잔을 하는 것은 쉬운 일이 아닙니다. 그러나 중동 지역에서는 자신과 아무 관계없는 사람일지라도 항상 차를 권합니다. 조금 과장해서 말하면 눈빛만 마주쳐도 차를 권하는 모습을 쉽게 볼 수 있습니다.

실제로 제가 가게에서 몇 마디 인사와 물건에 대한 질문을 하고 있는데, 갑자기 주인이 차를 권했습니다. 물건을 사려고 한 것도 아니고, 몇 마디 물어보고 다른 집으로 가려고 하는데 주인이 차를 권하는 것이었습니다.

시간이 없어서 정중하게 여러 번 사양을 하고 다른 가게를 알아보러 나왔습니다. 하지만 제가 그 집에서 물건을 사든지 안 사든지 상관없이 그들이 권하는 차 한 잔은 단지 상술로서의 의미가 아니었습니

모스크에 앉아 있는 노(老)부부

다. 그들의 문화와 예절, 사람의 도리를 나타내는 것이었고, 그러한 모습 속에 인간에 대한 따뜻한 마음과 배려를 느낄 수 있었습니다.

이러한 예는 시리아에서 특별한 경험이 아니라 일상적으로 경험할 수 있는 것입니다. 또 어느 곳이든지 한 잔으로 끝난 곳은 거의 없는 것 같습니다. 항상 두세 잔을 마시고, 많이 먹었다고 충분하다고 사양을 해야 끝이 납니다. 차를 대접하더라도 넉넉하게 대접하는 인심에서 멀게만 느껴졌던 무슬림들이 한국인들과 정서적인 동질감을 느낄 수 있었습니다.

택시 기사

이번에는 택시에서 있었던 일을 나누고자 합니다. 우리나라에도 '바가지요금'이 있듯이 이곳에도 '바가지요금'이 있습니다. 길을 잘 모르는 사람이나 외국인들은 쉽게 당하는 경우가 있습니다. 그런데 그곳에서 저의 오해와 편견을 부끄럽게 만들었던 택시 기사들도 있었습니다.

시리아에 간지 얼마 안 되었을 때의 일입니다. 일반적으로 택시를 타면 택시 기사가 말을 겁니다. 그때도 어디서 왔는지, 이름이 무엇인지, 무엇을 하는지 여러 가지 이야기를 나누었습니다.

그런데 한참 이야기를 나누다보니 택시에 미터기가 꺼져 있는 것이 보였습니다. '택시 기사가 바가지요금을 요구하겠구나'라는 생각이 드니 슬슬 걱정이 되기 시작했습니다.

하지만 이제 어쩔 수 없습니다. 중간에 내린다고 바가지요금을 깎아주는 것도 아닐 것이기 때문에 그냥 목적지에 도착해서 최대한 말을 잘해서 바가지를 조금이라도 덜 써야겠다고 생각했습니다. 그리고 목적지에 도착했을 때 저는 "얼마를 원하냐?"고 물었습니다.

그때 돌아온 말은 "그냥 가라"는 것이었습니다. 제가 외국인이고 손님이니까 그냥 가라는 것이었습니다.

그 택시 기사가 바가지요금을 요구할 것이라고 생각했던 제 자신이 부끄러웠습니다. 그 기사는 저를 특별한 손님으로 생각하고 있었다는 것을 뒤늦게 안 것입니다. 공짜 택시를 탄 저는 고마운 마음으로 감사하다는 말을 하고, 그 택시 기사와 헤어지게 되었습니다.

얼마 후 택시 기사들의 수입에 대해서 알게 되었습니다. 보통 자기 택시를 가지고 영업을 하는 기사들은 거의 없다고 합니다. 택시 주인이 따로 있고 그 택시를 빌려서 운행을 합니다. 그러면 택시 주인에게 일정 금액을 지불해야 합니다. 물론 주유비도 택시 기사의 몫이고, 사고 처리 비용이나 범칙금도 자신이 직접 감당해야 합니다. 이것저것 제하고 나면 하루 종일 운전을 해도 택시 기사에게 돌아가는 돈은 얼마 없다고 합니다.

이처럼 얼마 안 되는 수입을 올리는 택시 기사가 저를 특별한 손님으로 생각해주고 요금을 받지 않은 일은 지금 생각해보면 정말 감사한 일이었습니다. 그 후에도 가끔 요금을 받지 않으려는 택시 기사들이 있었습니다. 그러면 고마운 마음에 조금 더 얹어주며 기분 좋은 실

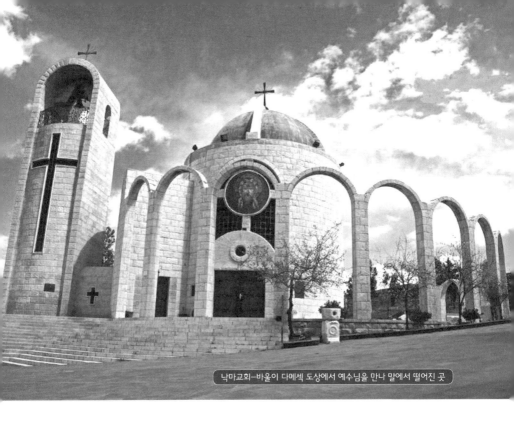

낙마교회-바울이 다메섹 도상에서 예수님을 만나 말에서 떨어진 곳

랑이를 벌이기도 합니다.

요금을 받지 않으려는 기사와 요금을 조금 더 주려는 손님. 이런 모습을 상상해보신 적 있으신지요? 아직도 이렇게 정겨운 모습이 있는 곳이 있습니다.

길 잃은 손님

한국에서 여러 분의 손님이 방문한 적이 있었습니다. 손님들이 점심시간에 도착했기 때문에 숙소에 짐을 풀고 바로 식당으로 이동하기로 했습니다. 인솔하는 사람은 저 한 명뿐이었고, 택시 3대에 나눠 타야 하는 인원이었습니다.

차례로 택시를 잡아서 기사에게 '그랜드 스테이션'이라는 식당 이름을 말해주고 아냐고 물었습니다. 안다고 해서 손님을 태워서 보냈습니다. 두 번째 택시도 그렇게 해서 보냈습니다. 세 번째 택시는 제가 탑승하고 함께 갔습니다. 제가 마지막 택시를 타고 갔는데 도착해 보니 당황스럽게도 먼저 출발한 택시 한 대가 오지 않았습니다.

그때 당시 도착하지 않은 택시에는 제 연락처를 아는 사람도 없었고, 아랍어를 하는 사람도 없었습니다. 당연히 그곳의 지리를 아는 사람도 없었습니다. 아무리 기다려도 그 택시가 오지 않자 식은땀이 나기 시작했습니다. 식당은 몰라도 숙소는 알지도 모른다는 생각으로 숙소로 돌아갔습니다. 그러나 일행들은 숙소에도 돌아오지 않았습니다. 이후 저는 "혹시 연락이 오면 전화를 달라"고 숙소에 당부를 하고 다시 식당으로 갔습니다.

제가 살던 도시는 꽤 큰 편이었습니다. 도대체 어디에 가서 일행을 찾아야 할지 엄두가 나지 않았습니다. 그때는 기도가 정말로 간절했습니다. 손님들을 찾아달라는 기도가 아니라 저를 살려달라는 기도가 나왔습니다. (사실 지금 생각해보니 이상한 기도입니다. 그들을 살려달라고 기도하는 것이 맞을 것 같은데 말입니다.) 감사하게도 하나님이 그 기도를 들으셨는지 다시 식당에 도착했을 때, 그분들이 와 계셨습니다.

당시의 상황은 이랬습니다. 그 식당을 안다고 했던 기사는 시내에 있는 다른 식당으로 손님들을 데려다주었습니다. 이후 손님들은 자신들이 도착한 곳에서 다른 일행을 만나지 못하자 뭔가 잘못된 것을 알았습니다.

정말 다행한 것은 일행 중에 '그랜드 스테이션'이라는 식당 이름을 듣고 기억한 분이 있었다는 것입니다. 만약에 식당 이름이 아랍어로 된 것이었다면 기억하지 못했을 텐데, 영어 이름이라 기억하셨던 것 같습니다.

그리고 무작정 히잡 쓰고 지나가는 무슬림 아주머니를 붙잡고 그랜드 스테이션이 어디인지 물었다고 합니다. 그분은 이곳이 아니라고 하면서 외국인들이 난처한 상황에 처한 것을 알고 직접 택시를 잡아서 함께 타고 저희가 있던 식당으로 데려다준 것이었습니다.

길 잃은 외국인에게 길을 설명해줄 수는 있겠지만, 직접 택시를 타고 데려다주는 것은 쉬운 일이 아닙니다. 그러나 이곳에는 아직도 이런 친절한 분들이 있습니다.

식사 초대

개인적으로 중동에서 가장 힘든 것 중에 하나가 바로 식사 초대를 받는 것이었습니다. 어느 문화권에서나 관계 발전을 위해서 식사는 중요한 역할을 하는데, 중동에서도 마찬가지입니다.

그런데 중동에서 식사 초대를 받으면 매우 난감해집니다. 식사를 초청한 가정들이 거의 예외 없이 너무 많은 음식을 준비하기 때문입니다. 초청한 사람들이 양껏 먹어 이미 배가 부른 상태에서도 계속 음

명절에 양 잡는 모습

식을 권합니다. 그럴 때 더 이상 사양하는 것이 민망해서 결국은 눈물을 머금고 더 먹게 되는 상황까지 이르게 됩니다.

게다가 현지인들의 소득 수준을 고려했을 때, 저희가 보기에 걱정이 될 정도로 준비를 많이 합니다. 그래서 특히 형편이 어려운 집을 방문할 때는 더욱 걱정이 됩니다. 그런데 부유하건 부유하지 않건 이렇게 손님에게 후히 대접하는 모습에서 우리의 풍습과 닮았다는 생각이 들었습니다.

우리나라 옛날이야기 중에서 가난한 선비의 집에 손님이 찾아오자 대접할 것이 없어서 선비의 아내가 머리카락을 잘라 팔고 그 값으로 음식을 준비했다는 이야기가 있습니다. 이것은 우리나라 문화에서 손님에게 섭섭지 않고 후히 대접하는 것을 미덕으로 생각하는 것을 나타내는 이야기입니다.

중동에서도 손님이 만족할 때까지 권하는 모습이나 모자라지 않게 풍성히 대접하는 모습에서 한국에서의 인정을 많이 느꼈습니다.

물론 요즘 한국에서는 적당히 차려서 원하는 만큼 대접하는 모습이 많아졌습니다. 하지만 전통적인 모습은 아끼는 마음 없이 손님에게 더 권하는 모습이 아닌가 생각합니다. 자신의 형편이 좋지 않음에도 불구하고 손님에게 최고의 대접을 하려는 우리들의 모습이나 중동인들의 모습 속에서 따뜻한 마음을 느낄 수 있지 않습니까?

이제는 요령이 생겨서 식사량도 미리 조절을 하고, 기분 좋게 사양하기도 합니다. 그러나 초기에는 제일 힘든 것 중에 하나가 식사 초대였습니다. 그래도 그들이 나누어준 풍성한 대접을 받으며 더욱 감사하게 되고, 더욱 친밀해질 수 있었습니다.

2. 히잡과 쓰개치마

'히잡'(hijab)은 무슬림 여성들이 머리에 쓰는 스카프를 말합니다. 모양에 따라 여러 가지 이름이 있지만 가장 흔하게 볼 수 있는 형태를 히잡이라고 합니다. 제가 중동에 가기 전에는 이 히잡이 여성의 자유를 억압하는 상징처럼 인식하고 있었습니다. 그런데 이곳에 와서 느낀 것은 이러한 인식이 다분히 서구적 사고였다는 것이었습니다.

짧은 치마와 자유로운 머리 모양을 자연스럽게 받아들이는 서구인들에게는 히잡이 비합리적인 것으로 보일 것입니다. 특히 중동의 더운 날씨를 고려한다면 더욱 그러할 것입니다.

물론 한국에서 살고 있었던 저도 같은 생각을 하고 있었습니다. 그래서 한국 분들 중에는 저처럼 히잡을 벗게 해주는 것이 이슬람 여성들에게 자유를 주는 것이고, 억압에서 구해주는 것이라고 생각하는 사람이 많을 것입니다.

그러나 이곳에서 그들과 이야기를 나누며 든 생각은 제가 그들과 전혀 다른 관점에서 생각하고 있었다는 사실입니다. 그리고 또 하나의 생각은 히잡을 쓴 여성의 모습에서 우리나라의 전통문화와 닮았다는 것을 발견할 수 있었습니다.

정숙한 여인

실용주의적인 관점으로 히잡을 보면 이 더운 곳에서 스카프를 쓰고 다니는 것은 비효율적입니다. 좀 더 시원한 옷을 있는 것이 실용적일 것입니다.

그러나 이곳의 여성들은 실용적인 관점이 아니라, 정숙한 여인이라는 것을 나타내는 의미로 히잡을 씁니다. 물론 히잡이 덥고 답답할 것입니다. 그러나 그런 것을 감수하면서도 자신이 정숙한 여인이라는 것을 나타내는 것은 그들에게 중요한 부분입니다.

실제로 히잡을 쓴 여성에게는 길에서 다른 남자들이 함부로 대하지 않습니다. 불필요한 말을 걸지도 않고, 함부로 농담을 하지도 않습니다. 히잡을 쓴 여성에게는 나름대로 예의를 갖추어 대합니다.

반대로 히잡을 쓰지 않은 여성에게는 히잡을 쓴 여성에 비해 편하게 말을 걸고 장난도 칩니다. 서로 자유롭게 지낸다는 의미가 아니라 히잡을 쓰지 않은 여성을 조금 가볍게 보는 쪽에 가깝습니다. 그리고 외국인 중에는 이런 남자들의 시선이 싫어서 무슬림이 아니면서도 히잡을 쓰고 다니는 여성들도 있습니다.

정리하면 이곳에서의 히잡의 기능에는 자신이 정숙한 여인임을 나타내고, 남성들에게 정중하게 대해줄 것을 요구하는 기능이 있습니다. 따라서 실용적인 측면이나 자유의 억압이라는 측면에서만 히잡을 판단해서는 안 되고 히잡이 지닌 사회적, 문화적 기능도 있다는 것을 생각해야 합니다.

광주리 교회- 바울이 다메섹에서 광주리를 타고 도망친 곳

양가집 규수

조선 시대 여성의 옷 중에 쓰개치마라는 것이 있습니다. 주로 조선 시대 사극에서 많이 보던 것입니다.

이 옷은 양반 집 여인이 외출을 할 때, 머리와 얼굴을 가리는 역할을 합니다. 이 쓰개치마를 아무나 하고 다니지는 않았습니다. 어느 정도 신분이 되어야 착용했습니다. 일반 평민이나 천민들은 이것을 사용하지 않았습니다.

이 쓰개치마를 입은 여인은 불편한 쓰개치마를 쓰고 다니는 것을 자유의 상실로 인식하지는 않았을 것입니다. 오히려 신분의 상징이고, 성숙한 양반집 여성이라는 것을 나타내는 것으로 인식했을 것입니다. 물론 현재 우리나라에서는 더 이상 쓰개치마를 볼 수 없습니다. 그러나 예전의 사회에서는 그 쓰개치마가 불필요한 것이 아니었습니다.

히잡은 우리 선조들이 쓰던 쓰개치마와 비슷한 기능을 하는 것입니다. 그것은 여성이 외출할 때 자신을 외부로부터 보호하는 기능을 합니다. 또한 자신의 신분이나 이미지를 표현하여 다른 사람들이 정중히 대하게 하는 기능을 합니다.

히잡을 이슬람의 산물이나 자유를 억압하는 것으로 봤을 때는 복음을 전하고 자유를 주어야 할 것 같았습니다. 하지만 그것을 우리나라의 쓰개치마와 연결하여 생각하니 히잡은 너무나 친근한 모습이라는 생각이 듭니다.

수녀의 이미지

이곳에 살며 히잡을 쓴 여성들을 보며 느낀 또 하나의 이미지가 있습니다. 바로 천주교의 수녀입니다. 지금 이 이야기를 하는 것은 천주교에 대한 이야기를 하려는 것이 아니라 수녀의 이미지에 대해서 말하려는 것입니다.

수녀의 복장은 조금씩 차이가 있지만 대체로 검은색이나 흰색의 무채색 계열로 주로 긴 옷을 입습니다. 특히 머리를 가리는 베일을 씁니다. 이런 수녀의 모습을 생각하면 중동에서 히잡을 쓰고 있는 여성들과 큰 차이가 없습니다. 모양이 조금 다르기는 하지만 수녀들과 비슷한 복장을 한 이슬람 여성들을 보기도 합니다.

그럼 보통 사람들은 수녀의 모습을 보며 어떤 생각을 할까요? 아마수녀의 모습이 자유를 억압 받고 있는 모습이라고 생각하지는 않을 것입니다. 물론 머리의 베일을 벗겨드려야 한다는 생각도 하지 않으실 것입니다. 오히려 대부분의 사람들은 경건한 모습으로 인식하고 있을 것입니다.

그렇다면 마찬가지로 히잡을 쓰고 있는 이슬람 여성들을 볼 때도 그들의 문화와 관점을 이해해주어

희잡을 쓴 여인

야 하지 않을까 생각합니다. 물론 이슬람에 대한 열정으로 히잡을 쓴다고 말할 수 있을 것입니다. 그러나 히잡을 벗겨주는 것이 근본적인 자유를 주는 것은 아닌 것입니다. 그들에게 주어야 할 자유는 죄에서의 자유이며, 죽음에서의 자유입니다.

우리는 많은 부분에서 중동을 오해하고 극단적인 평가를 내렸던 것 같습니다. 왜냐하면 우리는 현재 우리의 문화나 관점에서 그들을 바라보기 때문입니다. 그 대표적인 이야기로 히잡에 대한 이야기를 나누었습니다. 히잡은 이슬람의 상징이나 무슬림 여성의 자유를 억압하는 도구라고 단정지울 수 있는 것이 아닙니다. 조금 더 관심을 가지고 그들을 바라본다면 더 많은 부분이 자연스럽게 다가올 것입니다. 마치 히잡의 모습이 우리의 선조들의 모습이나 지금도 우리 주변에 있는 수

알레포 성에서 내려다 본 알레포 전경

녀의 모습처럼 친근하게 느껴질 것입니다.

나가는 말

중동의 문화를 보면 우리나라의 문화를 보는 듯합니다. 조금 더 정확하게 말하면 우리나라의 옛날 모습 말입니다. 가난해서 가족들 먹을 음식은 없어도 손님이 오면 한 상 가득 대접해야 하는 모습도 한국의 문화를 많이 닮았습니다. 앞에서는 나누지 않았지만 체면을 중요하게 생각하는 모습이나 심지어는 겉치레를 중요시 생각하는 모습까지도 우리의 옛 모습을 닮았습니다.

한국이 지금은 서구화 되고, 실용주의적인 면이 강조되면서 이러한 모습이 많이 사라졌지만, 그리 멀지 않은 과거에는 우리도 이러한 삶을 살았습니다.

현대 사회에서 아랍인들이 남에게 보이는 모습에 관심을 갖고, 체면을 중요하게 생각하는 것이 이해가 안 되고, 거부감을 느끼는 사람들도 있겠지만, 사실 우리의 모습과 크게 다른 모습이 아니라는 것입니다.

또한 여성들이 쓰고 다니는 히잡 역시 우리가 이해하기 힘든 문화였습니다. 그러나 조금 더 관심을 가지고 그들의 이야기를 들어보았더니 예전에 우리가 했던 것과 크게 다르지 않았습니다. 우리가 그들의 문화를 이해하기 힘들었던 것은 우리가 그들을 잘 몰랐기 때문입니다.

중동에 조금 더 관심을 가지고 그들을 알려고 노력한다면 우리가 그들을 이해하는 것이 훨씬 수월해질 것입니다. 사건이나 사고를 중심으로 전해지는 중동의 뉴스가 아니라 중동에 살고 있는 사람들을 알아간다면 그들을 이해하는 것이 불가능한 것은 아닐 것입니다. 그리고 그들을 이해하기 시작한다면 그들을 위해서 기도하는 것은 더욱 쉬워질 것입니다.

제가 시리아에 처음 갔을 때, 시리아가 사회주의 국가이며 북한과 비슷한 시스템을 가지고 있다는 정보를 알고 갔습니다. 분명히 시리아는 사회주의 국가였고 북한의 시스템을 많이 배웠습니다. 그러나 제가 느낀 느낌은 훨씬 자유롭고 살기 좋은 곳이었습니다. 그리고 그곳은 사람들의 인정도 많이 느낄 수 있는 곳이었습니다. 물론 '생각했던 것보다' 라는 전제가 깔린 이야기입니다.

그렇다고 이슬람을 옹호하고 중동에 전쟁과 테러가 없다고 말씀드리는 것은 아닙니다. 다만 우리가 뉴스에서 보고 있는 것들이 전부가 아니라고 말씀드리는 것입니다. 이 땅에도 정이 많고 우리의 모습과 비슷한 사람들이 있다는 것을 말씀드리고 싶습니다. 또한 이 땅에는 이 땅의 사람들을 사랑하시는 하나님도 계시다는 것을 말씀드리고 싶습니다.

우리가 보고 듣는 뉴스는 사건과 사고가 있는 제한적인 곳을 보여줍니다. 그러나 그것이 중동 전체의 모습은 아닙니다. 중동에 살고 있는 사람들 그리고 그들을 사랑하시는 하나님을 이 땅에서 만난다면 이들을 위해서 더 많이 기도할 수 있을 것입니다.

이 글을 통해서 두려운 중동이 아니라 친근한 중동의 이미지가 전해지기를 원합니다. 또한 그 중동을 사랑하고, 중동을 위해서 기도하는 분들이 더해지기를 소원합니다.

시리아 어린이들

하나님의 소원

2013년 5월 31일 1판 1쇄 발행

지 은 이 최 엽
디 자 인 김희현
기   획 강석원
펴 낸 이 임정훈
펴 낸 곳 다윗의열쇠
주   소 인천 부평구 부개로 12
등   록 제 2011-20호(2011.9. 20)

독자의 의견을 기다립니다.

이 메 일 keyofdavid@hanmail.net
전   화 070)8637-2369, 010)8458-3927
팩   스 02)6918-4153
홈 페 이 지 http://cafe.daum.net/keyofdavid

책값 / 뒤표지에 있습니다.
ISBN / 987-89-967321-2-9 03230

거룩하고 진실하사 다윗의 열쇠를 가지신 이 곧 열면 닫을 자가 없고 닫으면 열 사람이 없는 그가 이르시되 (계 3:7)

다윗의열쇠는 세상의 모든 것을 열고, 닫으시는 예수님의 권세와 능력의 상징입니다.
도서출판 다윗의열쇠는 왕이요 구원자 되신 예수님을 온 민족과 열방에 증거하기 위해 2011년 9월에 설립되었습니다.

이런 목적을 위해 첫째, 국내외 선교사님들의 사역을 직간접적으로 섬기고, 둘째, 치유와 회복을 통해 목회자분들과 성도님들의 영적 성장을 도우며, 그리고 셋째, 기름 부으심 있는 글을 통해 하나님의 사명자를 세우는 사역에 헌신하고 있습니다.